ふたりから ひとり

ときをためる暮らし それから

つばた英子
つばたしゅういち

自然食通信社

◆プロローグ

人生が完成する日

―― しゅういち

サマセット・モームは、僕の好きな英国の作家でね、彼は六十四歳のときの回想記に、こんなことを書いているんですよ。

「私はいつも未来に向かって生きてきたので、未来が短くなったいまも、その習慣から抜け出せないでいます」

と、言いながら九十一歳まで生きて、自分の死をこうも言っています。

「私の目論んだ人生模様が、完成する日」と。

幸福な人生だったんでしょうね。

九十歳のお誕生日には、こうも言っています。

「ときどき人生をくり返したいかと質問されます。全体として見ると、結構よい一生でした。……もしかすると、大部分の人よりよい一生だったかも」と言いつつ、

「でも、もう一度繰り返しても無意味です。前に読んだ推理小説を再読するように、退屈です」と。

九十一歳で亡くなったモーム。ゆとりがあって立派ですね。僕も同じような思いです。

僕も「私の目論んだ人生模様が完成する日」を迎えることでしょう。
でも、もう少しモームよりも長生きさせていただいて、茨木のり子さんの言うように、「……だから決めた。できれば長生きすることに／年をとってから凄く美しい絵をかいた／フランスのルオー爺さんのように／ね」と、いきたいものだと思っているんですよ。

（二〇一四年十月）

目次

心の糧になるもの

毎日コツコツと

レシピ索引

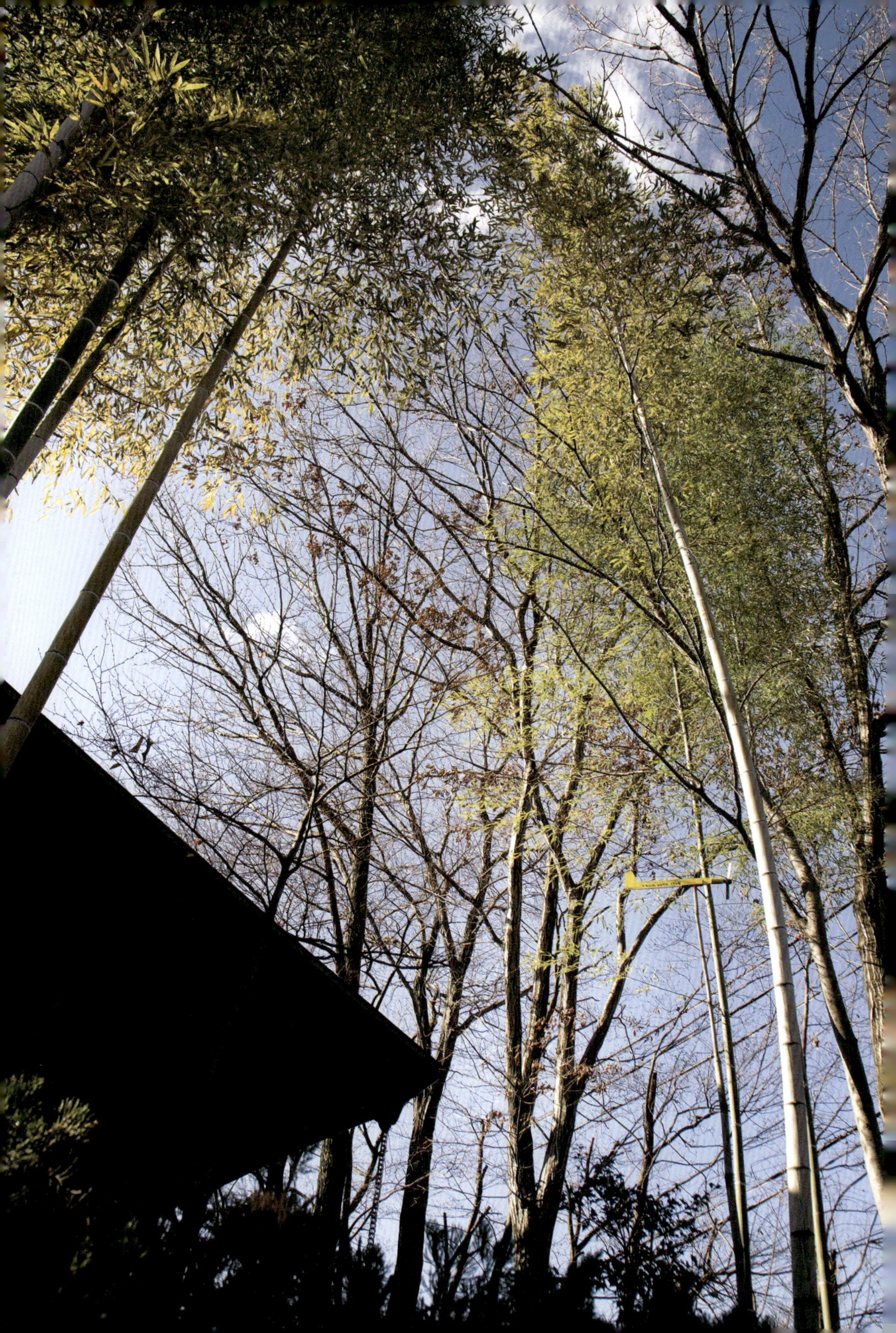

1章　ひとりになって

PART1

最後の日

六月二日、その日もごく普通よ、朝六時に起きて。前の晩、遅くまで書きものをして終わったのは十時過ぎだったから、私が「もうちょっと、眠ったほうがいいんじゃない?」「目が覚めると、もう寝ていられない」と言って、いつものようにしゅうタンだけ先に起きて。

家のまわりの掃き掃除をしてから、家のうらの草刈りを。三分の一くらい刈ったところで、「朝ごはんですよー」と庭に向かって呼んだの。

しばらくしてゆっくり戻り、「貧血がおきたよ」と。そこで靴を脱ぎ、床にゴロン。急いで座布団を敷き、ちょっと休んで自力でベッドに移って。

「おかゆ、食べる?」

「あんまり食欲はないから、……重湯をつくってくれるかな」

それから急いで、おかゆの半分を小鍋に移し、重湯を用意して。

「僕の好きなときに食べるから、そこ(食卓)においていて。母さんは台所をやっていていいよ」

それが十時過ぎ。台所に戻り、そおっとしておいたの。

十一時半過ぎ、様子を見に行って手を触ると冷たい。

「お父さん、お父さん、どうしたの」

大きな声で呼んだけど、全く反応がない。急いで救急車の電話をかけて。到着するまで心臓に両手をのせ、押し続けてくださいと言われて、とにかく必死で心臓マッサージを続けて。やったことないですよ、はじめて。切羽詰まった状況だったから、もう夢中で。すぐ近くの病院に搬送され、蘇生の処置をいろいろ受けて、「ご臨終です」と伝えられたのは十二時七分頃。

「老衰なんでしょうか?」

「心臓が止まって、なんとも言えません」

眠ったまま逝っちゃいました。

「いつもより胸が少し苦しいけど、横になって少し休めば大丈夫だから」と言って、本人も知らないまま意識がなくなっていったのか、それはわかりませんけど。

亡くなる前の日は、午前中、障子を外し、夏の日射しをよける簀戸《すど》を入れたところだったの。私が障子を下で受け取り、簀戸を渡して、しゅうタンがはめるという、いつもの慣れた作業を二人でして。夏の模様替えが早々とすんで「さっぱりしたねえー」とご満悦で。

それから麦茶用の麦の穂の下処理を。うちは今年、麦は蒔かなかったの。いつも籾殻や燻炭をいただく佐藤さんがはじめて麦を育てて、「麦のイガイガはどうやって取るんですか?」と聞きにいらしたから「僕が全部取ってあげる、持っておいで」と。その預かった麦があったから、ビール瓶で叩いて穂を落としはじめて。

「半分できました。いつでも取りに来てください」とはがきを書いて昼食。二時間くらい昼寝をして体を休めました。

「そろそろ、小梅を採らなきゃね」私が言うと、「じゃあ、採ってあげるよ」。こんどは四時頃から収穫作業。全部もいで、枝払いまですませて夕食。二時間ほど宵寝をしてからお風呂へ。それから書きものをして就寝。

ほぼ毎日、こんな感じの暮らしでした。書きものをして、外が好きだから、何かしら外の仕事をつくっては動きまわる。寝込むこともなく、逝けてよかったけど。

「最後はスマートに逝きたいね」と言っていたから。

……ほんとにスマートに逝っちゃった。

娘たちは、お父さんは弱虫でさびしがりやだから、入院せず、家で最後がむかえられてよかったね。お母さんからすれば、あと二、三年は生きていてほしかっただろうけど、と言って。

（二〇一五年六月）

目には見えないけれど……

あまりにあっけなく逝っちゃって、亡くなった感覚がいまもないの。家のあちこち、いろんなものに手をかけて残してくれたでしょ。だから、どれを見ても、お父さんを感じる。

みなさん、「さびしいですか?」とおっしゃるけど、さびしい感覚はないの。悲しい感覚もあんまりない。

なんだか、いまもここにいる気がするんですよ。あの人、ここしか居場所がないんじゃないかって。私が死ぬまでは、どこにも行くところがないと思うのね。娘も、お父さんはどこにも行くところがないから、ここでウロウロしている感じがするって言うし。

娘が心配して、東京からしょっちゅう来てくれるから「仕事しているし、家庭もある、交通費もばかにならないから、そんなひんぱんに帰ってこなくても大丈夫よ」と言ったの。そしたら、東京にいると、夜、いろいろ考えて涙がでるけど、ここに来ると何も考えず、安心して眠れるから、ここに来たいんですって。

気配はないけど、私も娘も、お父さんがここにいると思っているんですよ。

（二〇一五年六月）

ぼうっとなんかしていられない

朝五時半ごろには目が覚めます。でも、お布団の中でウトウトしているのが好きで、それで八時頃、「お母さん元気?」と様子伺いの電話が娘から入って。

ずっとこれまでお父さん中心で、毎日、それに合わせるように動いていたでしょ。でもいまは、自分から動かないと何も事がはじまらないと思って、その電話で起きるの。お父さんの朝ごはんをつくってお供えし、自分の分を用意して食べるのは九時ちかく。

今日はお天気がわるいみたいよ。畑作業はやめてチーズケーキでも焼こうかな……、何かをやっていないと、考えてしまいそうだから。次から次と動く暮らしだったでしょ、いままで。ひとりになって、ぼうっとしていたら調子がくるってくるわよ。

救急車で病院に運ばれ、お父さんの死亡を告げられて看護婦さんがきれいにしてくれたの。「ご家族の方がいらっしゃるまで、ここで待っていてください」と言われて椅子に腰かけて、その間、ひとりでつらつらと考えました。

困ったなあ……。

いままでお父さんのことをずうっとやってきたけど、その本人が、もういないんだから。

……どうやって生きていけばいいだろう。

とても不安になりましたよ、そのときは。いまはもう、ふっきれた。

誰かのために、何かやれることをさがし、人のためになることをやる以外、私の生きる道はない。とにかく前向きでやっていかないと、自分はやっていけないって。ジャムや佃煮、いろいろなものをつくって、これからもみんなに配ろう。いままでどおり、同じように毎日をやっていくよりしょうがないわって。

どんなに思っても、もういませんから。いまは、生きていたときと同じように、お父さんの写真に向かって、しゃべりかけるの。

「お父さん、お茶淹れたから、一緒に飲みましょうねえ」

「いまからお風呂に入って、寝るわね」

これからは、ひとりで家をきれいにしたり、畑をやったり、自分なりにやっていこう。動きに動いてやっていく以外方法はないと思うから。

なんでもサッサッ、やる人だったでしょ。後ろからついていくのに私は精一杯、いつの間にか、それが普通になっちゃって。とにかく仕事をつくって、何かをやっていないと私はダメ。

昨日の夜、アイロンをかけようと思っていたけど、夜は寝たほうがいいかなと寝ちゃった。そうすれば、明日やることがあるじゃない。それをやっている間は忘れていられる。

みなさんが来てくださるのも大歓迎よ。こうやって誰かのために、何かをやっていたほうがいい。いままでそうやって生きてきたから、これからも同じように、いつでも手足を動かして。

（二〇一五年六月）

生涯、整理整頓だった

お父さん、とにかく片づけ魔で、それは、しょっちゅう、しょっちゅう、片づけていましたよ。よその家、お義母さんや娘の家に行っても、片づける。不用になった紙袋がいっぱいあると、整理してみんなうちへ送っちゃうの。娘は「さっぱりした！」と喜んでいたけど、お義母さんは、それが迷惑だったみたい。

「私は乱雑の中で、いろんなことを考えているのに、しゅういちが来ると、何から何まで片づけちゃって、何がどこにあるのかさっぱりわかならない」って嘆いてね。「私の頭は混乱して困るけど、しゅういちに言って怒りだすとよけいに困るから、言わないでね」と私にだけこっそり、お義母さんが言ってくるの。お父さん、いつも、ちゃんとしていないと嫌な性分だから。

模様替えも好きでね。一か月に一度、取材なんかでいらっしゃる人が「いろんなところが変わっていますねえ」と言うくらいだから。テーブルを縦にしたり横にしたり位置をずらしたりは日常茶飯事。納戸や農作業小屋、書庫などの細かいところまで整理し尽くして。「腎臓の機能が弱っているから、重いものは持たないでくださいね。重いものは私が持ちますから」と言ったって聞きませんよ。ゴトゴト重いものを持ち上げて、あっちからこっちに移動させたり、また戻したり。

亡くなってあらためて見まわすと、なんでもよく整理してあって驚く。

洋服も、「今年の夏は、もうショートパンツをはくことはないから、処分していい？」と聞いてきて。まだ肌寒いのに、さっさと。「冬物は机の下の二段目の引き出しに入れたから母さん、覚えておいてね。僕、忘れちゃうから」と言って。服の入れ替えも自分でいつもやるから、またやっているわと、ぜんぜん気にもとめずいましたけど。

おっとりしていた私も、お父さんのペースにいつの間にか巻き込まれて、やることが少し速くなり、「打てば響くように、動いてくれるようになった」と笑われたのも懐かしいわね。

たくさんある書類も、誰が見てもわかるようにファイルの表に名を書いておいて、だから亡くなった後、探し物をすることもなく助かりました。苦労するって、よく聞きますものね。

ただ、亡くなった後のことを書いたものがあるはずですけど、それがどこかわからなくて。お坊さんは呼ばない。お通夜はしない。亡くなった知らせは落ち着いてから通知を出してくれればいい……、遺言書とは別に、そういうことを書いたものが。生前、お父さんは不義理で、誰の冠婚葬祭にも出席することはなかったから、お葬式は身内ですませて。

よく考えると、今年に入ってから、話が聞きとりにくくはなっていましたね。

「母さん、話をするときはゆっくり話をしてね。母さんの直接説法の早いしゃべりは聞き取りにくいし、それから遠くで呼ばないでね」と。

食事もゆっくり食べるようになって。いままでは先に食べ終わり、「ごちそうさん！」と言うと同時に席を立って仕事にとりかかる感じでしたけども、……少しずつ体が弱っていたのかなという気もします。

（二〇一五年六月）

レーモンド・ハウスとクライン・ガルテン

この秋には、レーモンドさんの家が建つかもしれないと二人で喜んでいたのよ。佐賀の伊万里に心の病を患った方々が、人間的な暮らしをとり戻す施設として。

なんでも私たちの日常の暮らしを本で見て、今年はじめ、病院の施設の方からお便りが届いて訪ねていらしたの。何かヒントがあるんじゃないかって相談しにみえて。

これから建つ施設の設計図も持参されて、それを眺めて「これじゃ、また病気がぶりかえしちゃうよ」とお父さんが言ったの。

雑木林の中に木の家を建てて、クライン・ガルテンで土に触れたり、木工や染色などの手仕事をしたり、自然に触れることをしていけば、症状はよくなっていくだろうというのが、お父さんの意見で。時間はかかっても、それがいちばん確実な方法だろうと。

それで私たちの住んでいる家、レーモンド・ハウスを建てたらどうかと提案したの。新建材は一切使わず、日本の間伐材をうまく利用できるということで。書斎から真っ白な紙を持ってきて、レーモンド・ハウスをフリーハンドで描き、設計図の段階であれば、業者に断ることはまだ大丈夫だし、もう一度よく考えてみてはどうかと。ケア施設の方も、レーモンドさんの建物のことは知っていたようで、その日はそれで帰られて。

後日、電話で「提案していただいた案に変更します」と連絡があって。院長先生や、施設で働く人、いろいろな方と話し合われた結果みたい。

「僕は体力的に細かい図面を書くことはもうできないけれど、アドバイスをしたりすることはやってあげられるから、何でも遠慮なくどうぞ。とにかく腕のいい宮大工をさがし、その人に頼むことがいちばん大事です」

それから手紙を書いて、工務店に頼むのはやめなさい。クライン・ガルテンは農業とは異なるものだから、そういう人たちのアドバイスを受けちゃだめです。家具は何代にもわたって使えるような家具を揃えてくださいい。謝礼は一切いりません。そういう細かいこともいろいろと書き添えて。そして、宮大工が決まったら、ここへ一度、見学に来てください。建物の構造を口で説明するより、ひと目見ればわかるはずですと。

「レーモンド・ハウスが二棟建つみたいだから、通り抜けには簀戸をたらして、そういうふうにつくってもらえるといいね。完成したら二人で見に行こうね。楽しみだねえー、母さん」とほんとに喜んでね。

お父さんがレーモンド事務所で働いていたのは公団に入る前、大学を卒業して前川國男先生の事務所で働かせてくださいと言ったら、「もう、いっぱいだから」と紹介状を書いてくれた先がアントニン・レーモンド事務所。当時、大勢の所員が働き、レーモンドさんはいつもビリビリして、自分の仕事している机のそばにくると、身がすくんだって。それくらい厳しい人だったのね。

それでレーモンドさんのフリーハンドで描く線がすごくて、事務所に在籍していた三年の間、お父さんは訓練を重ねて、その技術を受け継いだって。僕の財産になったって言っていましたよ。話がそれたけど、戦後九年たって麻布につくられたレーモンド事務所は、こんな木造住宅だったそうですよ。日本の大工の伝統技術を巧みに生かして、よくこんなモダンな建物を造られましたね。

レーモンドさんのお弟子さんはたくさんいらしたけど、レーモンド・ハウスを実際に造ったのはしゅうタンだけ。群馬の高崎に井上房一郎さんという方が、やはりレーモンド・ハウスに魅せられて図面を借りて建て、住んでいたんですって。ドイツ人の建築家ブルーノ・タウトのパトロンをしていた方で、いまは高崎美術館の一部として、建物を見学できるってお聞きしたけど。

この家は公団からの退職金を全部使って建てたの。蓄えはない、でも、これならローコストでなんとか建てられそうだからって。草木一本はえていない石ころだらけの造成地に、ただ一軒、ぽつんと木の家を建てて。

「シンプルだから、住めば住むほどこの家はよくなるよ。エイジングされてね」と、お父さんが言っていたのを覚えているけど。あれから四十数年、ぜんぜん古びませんね。中も外も、どんどん趣を増している感じ。

〈シンプル・イズ・ベスト〉、レーモンドさんの哲学は、お父さんの心に深く刻まれていたから、尊敬するレーモンドさんの家が、ここ以外に建つなんてほんと、うれしい。生きていると、いろいろなことがあるわね。ときどきこうやってご褒美がもらえて。そうそう、この家が建ったのは、レーモンドさんが亡くなった年でしたよ。

（二〇一五年八月）

ときをため、次につなぐ

ご近所に一代で建てられたお家があったの。そのご主人が亡くなられたあと、建物は取り壊されることになり、その様子を毎日、お父さんが見ていて。

「むなしいねえ。一代で伝えられるものが何もなくなって、残ったものをお金で分けちゃったら、後に何も残らないよね……」

そのお家のご主人は、太平洋戦争中は船に乗り、攻撃されて沈没したけど生き残った方なの。九十二歳で亡くなられたけど、とてもお元気で、その日の午前中は車の運転をして、午後、おこたに入ってそのまま眠るように逝ってしまわれて。ふだんから体をよく動かしていると、そういうふうに逝けるんだねって、お父さんと話をしていたの。

お子さんが三人いらして、それぞれ家を持たれているみたい。

「戦争から戻って、一生かけて築いた家があっけなく無くなってしまう、人の一生ってなんだろうねえ……」と更地になった光景を眺めて、お父さん、ショックをうけて。継ぐ人がいないというのは、さびしいですね。幸いにもこの家は、娘とはなこが継ぐと言ってくれているから。

「僕たちは、ここの留守番だからね、そのために耕して、よい土にしておこう。土をよくすれば、次の世代が僕たちよりも、もっと心静かに暮らせる。大変だけど、生きている間、僕らは一生懸命やろう。もっとよくしよう。お金をいくら貯めても豊かじゃないだろう、母さん」ときをためるって、つないでいくということですものね。自分たちの世代より、次の世代が豊かな暮らしができるよう、つないでいかないと。

私の兄が、三百年続いた造り酒屋を自分の代で畳んだでしょ。そんな想いが私の中にある。だから前の世代からもらったものは、必ず次の世代に渡さなきゃと。でないと、いままで一生懸命やってきたものは、なんだったんだろうと思って。

ここはお義母さんからいただいた土地なの。お義母さんから「爪に火を灯して昔は暮らしたのよ……」と、そんな苦労話も聞いていたから、必ず次の世代に渡さなきゃという思いが強いのかもね。

それと私の実家の先祖からの教えで、買うものは、次の世代へ伝えられるものを。安物は買ってはいけない。それが私の頭にあるから器ひとつでも、吟味して選んできたつもり。そうやってひとつ、ひとつ、ときをためながら、買い揃えたもののすべては、娘と孫に分けてしまって。いま、私たちが使っているものは、「借りている」ということになっているの。

ときをためて集めてきたものには、ストーリーがあるから、あとの人へとつないでいってほしい。唯一、私の嫁入り道具だった箪笥、酒屋で使われていた青い大火鉢とかも。

お正月はいつも箱根駅伝を見るんですよ。どこを応援するわけではないけど、たすきをかけて走るランナーの姿を見ていると思うの。おばあちゃんからここを引き継いだから、次の世代に渡すまでは、自分もしっかりやらなきゃいけないって。一生懸命、精神あるのみだなと思うの、毎年、新年早々に。

（二〇一五年六月）

肉なし、肉じゃがを食べながら……

フフッ、きょうの肉じゃがは、肉が入っていないのよ。冷凍庫をゴソゴソ探したけど、なかったから。じゃがいもとにんじん、玉ねぎだけ。うちの肉じゃがのつくり方は、切った野菜と、牛肉を鍋に入れ、だしを注いでコトコト煮るだけ。コツとか聞かれても、何もないわよ、簡単すぎて。お父さん、〝コロッケ大好き人間〟だったけど、肉じゃがも好きでね、なにかというと、肉じゃがにしようって。決めていたメニューがあっても、食べたいというなら「じゃあ、肉じゃが、つくりますわ」というふうで。食べたいものを食べてもらうのが一番だもの。とにかく、じゃがいも好き。私はじゃがいもと聞くだけで、お腹いっぱいになっちゃうけど。

あとカニも好きだった。

お葬式をすませて、娘たちにカニを食べてもらおうと思って冷凍庫をさがしたの。三つの冷凍庫を行き来してさがしたけど、やっぱり見当たらない。娘が「お父さん、カニ好きだから、あっちに持っていっちゃったんじゃないの」と言って、みんなで笑ったんだけど。

世話がかからない人でしたよ。言うとおりにしておけばよかった。グチを言うわけではないし、仕事で困ったとかも一言も聞かなかった。いつも楽しいことしか言わない。

サラリーマンなのに自分の意にそわないことは、決して加わらないじゃない。だから驚くことばかりだったけど、その生き方は、まちがっていないと思います。考えていることが十年早くて、時代に受け入れてもらえない。クライン・ガルテンも、いまはすっかり受け入れられていますものね。

（二〇一五年六月）

さびしがりや

お父さん、子どもの頃、中野の新井薬師近くに住んでいて、よく歩いたんですって。だから当時の町の細かいことまで、いろいろ知っていましたよ。色街があって、そこを通るとお好み焼き屋さんの屋台で、何も入っていないお好み焼きを一銭で食べたとか。

そんな子ども時代、いつも面倒をみてくれたのは、おばあちゃんだったんですって。一着しかない服を、繕って、繕って着させてくれたって。靴も破れ破れで履いていたけど、それもていねいに繕って。それで、帰りが遅いと心配して、おかゆさんをつくって待っていてくれたって。おかゆが好きなのは、そのせいかしらね。

お義母さんのことは、あまり言いませんね。私が結婚するとき、しゅうタンが原宿に土地をみつけて、そこに家を建てて隣同士でお義母さんたちと住むようになったけど、子どものときはほとんど一緒には暮らしていないの。私が思うに、小さいときに母親の愛情を受けないと、どこか心の中に、さびしいところがあるのね。

子どもは小学校に入るまでは親が親身になって、肌身離さず、身のまわりのことをやってあげないと、ずっとひきずると聞きますよ。特別なことをしなくてもいい。男の子はとくにそうで、大切に育ててあげないと。娘の旦那さんを見ていると、そう思うの。お母さんが大切に育てたから、まともな人間に育っているなと。お父さんは、どこか、まともじゃないもの、フフッ。

だから孫は、「はなちゃーん!」といつも言って、それは二人で可愛がりましたよ。おじいちゃんには、おじいちゃんのやることがあるし、おばあちゃんには、おばあちゃんのやることがあるから。楽しい思い出が残るよう、二人でほめて、ほめて育てたの。

お父さんは、さびしがりやでしたね。心配事が何かあると眠れなくて、隣にいるとそれが伝わってくるの。「お父さん、眠れないねー。手を持ってあげるから寝なさいよ」と、私が横で手を握っていると、そのうちすっーと寝息をたてて。

ヨットでは、二時間ずつ寝るということをしていたから、いつでもどこでも、すぐに寝られる人で。だけど、何か考え事があると寝られないみたい。そういうときには「ちょっと話しましょうか、手を持ってあげるから」と言ったりして、とにかく安心させないとだめ。人前ではそんなこと、みじんも感じさせませんけど。

体調をくずしてからは、私が一人で名古屋に買い物に行くようになったでしょ。「母さん、きをつけてよ」と異常に心配するようになって。私がいなくなったら、どうしようと不安になったんでしょうね。無事帰って来ると「ああ、よかったねー」と安心して、お土産の握り寿司をおいしそうに食べて。いま思うとね、私は、女房ではなく母親の役目だったのかなと……。

（二〇一五年六月）

お別れは、ハブ茶で

お父さんが焼き場にいく日、娘が「お父さんが一番喜ぶことをやろう」と言って、満艦飾にしたんですよ。家にある旗を全部連ねて飾りたてて。

ロープを結ぶなんてお父さん以外、誰もやったことないでしょ、いままで。それで手間どりました。今年のお正月、満艦飾にして撮った写真があったから、それを参考にしながら準備して、お父さんを送り出したの。庭に咲く紫陽花を棺いっぱいに詰めて。買った花はあまり好まない人だったから、花がある時期でよかった。

知人、兄弟、お世話になった人、誰の冠婚葬祭にも一切出ることをしなかった人ですから、自分のお葬式もやらなくていいと。でも、「お別れの会はしないんですか？」と言ってくださる方も多くて、会場のパンフレットを二、三、取り寄せてもみたの。だけど、やめました。九州や東北などの遠方の人まで呼べないし、そもそも、本人がそれを望むことかなと考えると。

「お別れ会なんていったら、お父さんはきっと好きじゃないと思う」と娘が。それなら、お父さんがつくったはぶ茶のストックが、紙袋に十袋くらいあるから、お世話になった方々に、それをごあいさつ代りに送ればいいと思ったの。ハブ茶の実をさやから出して、保存袋に詰めて。栗も、今年はたくさんなったし、梅もたくさん梅干しにしたから、それもお分けできる。かぼす、すだちも詰め合わせれば、三十人くらいは送れそう。

あとジャムも添えて。今年収穫した白いちじくが十袋冷凍してあるから、送る直前に煮てジャムをつくればいい。冷凍中のマーマレードもあるから、蒸かし直して。びんのストックはないから、それは用意しないと。いつも、お父さんが百円ショップまで、自転車で買いに走ってくれたけど、もう頼めないわね。

草木一本ない造成地だったこの地に住んで三十年以上、いろいろなものが根づき、豊かになりましたよ。うちは買ったものは贈らないという主義できたから、庭で収穫したものを送って、それを食べてもらうことで、みなさんにお礼ができるのはほんとによかった。お父さんも、さぞかし喜んでいると思うの。

いま、その準備にとりかかっている最中で忙しい。あっ、お父さんの前で「忙しい」というのは禁句で。心を亡くすと書くでしょう。「自分の好きなことをしているんだから、忙しいというのは、言ってはいけないよ」と、そのへんの草葉の陰でつぶやいているかもしれないわね。

（二〇一五年九月）

陰膳

この三か月の間に、お父さんが生前お世話になった方へ、お手紙を五十通くらい、やっと書いたところです。八十八歳でタヒチに行って、それからの二年三か月ぐらいのことを詳しく。新聞にお父さんの訃報記事が載って、いろいろな方から連絡をいただいたでしょ。最後のことを書いておかないといけないと思って。ずいぶん時間がかかっちゃったけど、やっと区切りがついてほっとしている。

戒名はつけていないの。お坊さんにお経もあげてもらっていないし、お線香の匂いを嫌っていたから、お線香もない。初七日、四十九日も関係ない。とてもシンプルに、写真とお花を飾って、陰膳を毎朝お供えしているだけ。

お父さん、いつも「お腹すいたー」と言っていたでしょ。いまも、お腹すいてフラフラしていると困ると思って用意するの。……ま、私の気がすむようにしているだけですよ。

午前中、畑仕事をやったり、手紙を書いたりしていると、昼ごはんをつくる暇もなくて、陰膳を下げたら、私が昼に食べるの。だから、それなりにちょうどよくて。昼過ぎまで畑をやっていられると思うと気も楽だし。長年の習慣で、前もって用意しておかなきゃという気持ちが出てきて焦るから。

おかずは煮豆や小魚、ひじきの煮たもの、れんこんのきんぴら、うなぎ一切れ、シューマイかギョーザとか、そんなものを。お父さんが毎朝食べていたものを、まとめてつくっておいて、小分けで冷凍しておけば、あとはチンと温めてお皿に盛りつければいいの。

ひとり暮らしは、食がおろそかになりがちでしょ。面倒になって、あるものを食べればいいわとなってしまう。でも、こうやって毎朝、陰膳をつくるおかげで、昼は少しずついろいろなものを口にして、栄養のバランスもとれるの。

おかゆも毎朝炊くのよ。でも私は、おかゆは好きじゃない。子どもの頃、お腹が弱くて、一生分のおかゆをそのときに食べたからかな。お弁当も、おかゆのときがあったくらいだもの。お父さんが、おかゆをおいしそうに食べていたのを思い出すから炊くけど。

朝食は、その日の活力源だからってしっかり食べていました。ひとりになっても同じように、大事な一食として食べます。

（二〇一五年九月）

月命日に用意するもの

これは、いつもお父さんが食べていたうなぎです、どうぞ食べてみてください。

「六月五日は、うなぎを一緒に食べに行こう」と二人で話をしていて、六月二日に逝ってしまって。

朝、お父さんがおかゆを食べるとき、最初にうなぎを茶碗の底のほうに沈めて、「最後に食べるとうまいなー」と満足げに言うの。ほんの一切れだけど、最後に口にすると、食べたー、という気がするんですって。へんな流儀よね。

病院の先生が「減塩してもひと月に一度くらい、好きなものを食べさせてあげてください。一番こわいのは、ストレスがたまることですから」とアドバイスをもらったの。

それで一か月に一回、なじみのうなぎ屋さんに出かけて、好物のひつまぶしのお弁当をつくってもらったの、最初は。その後、うなぎの素焼きも買い求めて、二センチ長さに切ったのを一切れずつ朝食につけるようになって。約二年三ヵ月の間、ずっと食べていた。好きなものを食べてもらう以外、もう楽しみはないと思ってね。

このうなぎは、電車に乗って二つ先の多治見までに買いに行くの。多治見焼というくらいで、町には陶芸の窯が多い。窯に火を入れると三日三晩眠られなくて、職人が精をつけるためにうなぎを食べたんですって昔は。それで多治見にはうなぎ屋さんが多いと聞いたけど、それくらい滋養があるものなのね。

亡くなった次の日は友引で、火葬場はお休み。六月だったから身体中にドライアイスをのせて。冷たくて、かわいそうと思ったけど仕方がないし。いまにも眠りから覚めて起きる感じだったから、明日、お骨にするのは嫌だね、そんなことを娘と話しながら。焼き場に行ってからは、一時間ぐらいでお骨になっちゃって。あっけないわね。それで残った骨は、とてもがっちりとした骨格で。それがあまりにもきれいでね、利き腕だった右腕は、左腕と比較すると、とても太いし。

この二年三ヵ月間はとくに、カルシウムになるものを意識して食べてもらっていたから。たたみいわし、田づくり、しらすなんかを毎日少しずつ、飽きないよう小皿に盛って出したの。そういうものが、骨を丈夫にしたのかもしれないわね。うなぎにもカルシウムは多く含まれていると聞くし。

中指の先に、チョロンと小さい骨があるんですよ。小さいけどプクッとして「こんな骨が残るのは、とてもめずらしいですよ」と、焼き場の人も驚いていたくらいで。娘たちは、それをお守りにすると言ってハンカチに大事に包んで。それから骨壺に、みんなで大事に骨をおさめて。

牛乳をとらないわりには、骨がしっかりとして、毎日の食事はおろそかにできないと思いましたよ。野外に出て仕事していたこともよかったんじゃないかしら。適度な負担を体にかけて、お日さまにもあたって。毎日、よく食べて、よく動いていましたものね。月命日には、好物だったうなぎを陰膳で用意するんですよ。ずいぶん、食べたでしょうねえ。今度、うなぎを食べに行きましょう。とっても美味しいのよ、そこのお店。

(二〇一五年九月)

モラトリアムだった時代

ここ高蔵寺ニュータウンの一大プロジェクトを手掛けていたとき、お父さんの下で働いていた方が三人いらしたの。亡くなられた方もいるけど、名古屋の放送局が番組をつくりたいということで、当時の話を、その方たちに聞きに行かれたんだって。「つばたさんは一週間くらい公団に来ないことがときどきあって、その休んだ後の次の発想が、いつも、すごいものを考えてきました」と語ったそうよ。突然の出社拒否をした話に、放送局の人が驚いていたけど。

朝、「今日、会社に行かないから」とお父さんが言ってくると、「ちょっと風邪をひきましたので…」と私が会社に電話を入れるの。とにかく、そういうときは寝たいだけ寝て、やりたいことをやってもらったほうがいい、いろいろなことを考えすぎて、頭の中がゴチャゴチャだったんだろうと思うから。その間、布団は敷きっぱなし。「ごはんですよ」と言うと布団からゴソゴソ出て、一緒に食べて、また寝て。

数日過ぎると子どもたちの写真整理をまず、はじめるの。そうやって頭の中も整理していたんじゃないかしら、何も語らなかったけど。で、最後はきまって「模様替えをやろうか」って言うの。「ああ、やりましょうね」と一緒に家具を動かして。そうやって気持ちの切り替えをして、翌日からは何もなかったように出社して。公団時代は、よくそんなことがありました。だから模様替えもしょっちゅう、しょっちゅうやって。

娘たちは「お父さんどうしたの?」「うちで仕事しているのよ」「そう」と、普通に接して。そんな話を、いま頃になって娘としていたら「そんなことあった?」と、ぜんぜん覚えていないの。また、家で仕事をやっていると思っていたみたいで。

残業は一切せず六時には帰宅、家族揃って夕食を食べる。その分の仕事は、夜中に起きてやっていました。私も一緒に起きると「母さんは、寝てていいよ」と言うけど、自分だけグーグーとは寝てもいられないと思って。おにぎりを握ったり、お茶を淹れたり。眠いときは、昼間寝られますからね、私は。

会社を休んでいる間、ずっと家にいられたら嫌だと思うかもしれないけど、私は別に何とも思わなくて。それよりも頭の中が大変だろうと思うから、この人の好きなようにしないといけないと、むしろ私はふだんどおりの生活を淡々と。こっちに、何か支障があるわけではないし。のちに高蔵寺ニュータウンの仕事は都市計画学会賞をいただきましたけど、それは、それは難儀で、スランプが多かったんですよ。それだけ大きなプロジェクトで、大変な仕事に関わっていたんですよね。

私は「ご新造として夫を第一に考えて大切にする」と、小さい頃から教えられて育ち、徹底的に体にそれが沁み込んでいたから。それがよかったんじゃない。支える側に回って、それに徹しようと、ごく自然に思っていたし。はなこは、「わがままなおじいちゃんを世話して…」とそういうふうに見ているみたいだけど、わがままとは違うのよ。まだ若いからわからないけど、発想がユニークなの。とりようがいろいろあるからね。それも個性のひとつであって、通り一篇、

「わがまま」という言葉ではくくれないの。

今度、はなこに会ったら「そういうのは、わがままとは言わないの」と教えようと思って。すごくデリケートで、そういう人と結婚したんだと、考え方を変えればいいの。いいようにとるか、悪いようにとるか。いいようにとってごらんなさい、もう、気持ちも晴れ晴れしちゃうから。まあでも、わがままと言っちゃえば、わがままなのよ。アハハッ。

（二〇一五年九月）

実現はしなかったけど

「みんなの力で、ほんとうにこれまで生きられたね、母さん」と、よく言っていました。いろいろな方に、お世話になったと思いますよ、お父さんは。人徳というのか、わからないけど、上の人から可愛がられて、自由に好きなことをやって、ずっと平社員を通したでしょ。課長さん、部長さんがいるけど、平で所長さんに直接報告に行くんだから。上の人はカチッとくるだろうけども、そういうこともなくて。無意識のうちに、相手にそういうふうにしむけるのがお父さんは上手だって、娘はそう言っていたけど。

ここの施設長さんが、東京から主人を呼んで「つばた君、自由に、とにかく白いキャンバスに描くつもりでやってください」と言ったそうよ。それで高蔵寺ニュータウンのマスタープランを描いた。

もともとの地形を崩さず尾根筋に団地を建て、なだらかなところには一軒家の住宅を。畑もできるようにと、小さな菜園を造って…という構想でした。みんなの桃源郷をつくろうと思ったんでしょうね。

けれども、ブルドーザーで山を削らないのなら、地ならしができない。土木の仕事はあがったりになる。戸数も、当初の計画予定からはぜんぜん足りない。ただの高地移転の団地にならない。そういういろいろなことで、結局、最初の提案どおりにプロジェクトは進みませんでした。だけど片道三車線ずつの大筋の道路だけは残って。

あるとき乗ったタクシーの運転手さんが、「ここは広い道路で気持ちがいいですねー、とお客さんが言うんですよ」と言ったの。窓の外の大きくなった街路樹を眺めてお父さんが「あーそうですか、それはいいですねえ」と、ここの都市計画を自分がしたなんて一言も言わず、ただ、だまって聞いていた。

あとから私が「あのまま実行されていたら、たくさんの人は住めなかったけど、いい桃源郷になったでしょうねえ」と言うと、「そりゃそうだけど、このプロジェクトには大勢の人が関わるからね、一人の意見を通すなんてできないよ」って。

青木さんという上司が、「いつも一の矢、二の矢、三の矢を持っていて、一がダメなら二を、二がダメだったら三の矢を放て」という人で、お父さんもそれに共感して、常に次を考えていました。いつでも動けるよう、目の前のことはそのときに片づけてしまう。行動が素早いのはそのせいですかね。

高蔵寺ニュータウンのプロジェクトがひと段落してからは、東京に戻ってこいと誘われていたんです。それを断って、名古屋駐在員として地域公団からお給料をもらいながら、中日新聞の足立さんという記者の方と中部六県をまわって伊勢湾一帯を調査したり、矢作川[*1]流域を調べたり、そういう仕事ばかりをやっていました。上の方も見て見ぬふり。本社の所長さんに、一か月やったことを自費で東京まで行って報告する、そういうふうにやっていたみたいです。

それで公団を退職するときに、みなさんがお餞別をくださって。何か残すものがいいと、営林署の方に頼んで雑木を集めてもらい、庭に植えたのが全部で百八十本。どんどん成長して、大きくなりすぎた木は伐り、椎茸のほだ木にしたり、近くの人にも苗木を分けてさしあげたり。まだやり残したことが、いっぱいあるって、自らの桃源郷をつくってきたんですよね。

「女房にほれろ、仕事にほれろ、地域にほれろ」と教えてくれた先輩たちの言葉に、自分は従ったんだよと、言っていましたけど。

（二〇一五年九月）

＊1 矢作川
長野県、岐阜県および愛知県中央部を流れ三河湾に注ぐ一級河川で、全長一一七キロメートル。明治用水などに使われる。

家は天国だね

豆は体にいいのよ。だから欠かさず、毎日食べるようにして。

でも、私、納豆は食べないのよ。納豆だけはダメ。ほかのものは何でも食べるけど。子どもの頃、食べる習慣がなかったでしょ。この辺の地域ではあまり食べなかったの。結婚して東京に行ってはじめて食べて。あのネバネバの納豆だけはどうも苦手。食べなきゃいけないときは、納豆だけ先にササッと食べちゃう。

お父さんは納豆を好んで食べていましたよ。小さいときは、朝、納豆売りが来たって言うから。減塩するようになって、一時は醤油をかけるから食べるのを止めたけど、そのうちに醤油も何もつけずに食べて、カボスを絞って食べるときもありました。わさび漬けを加えてみたり。

お父さん、がまんして食べていたわけではないと思うの。

「がまんしてやらないほうがいいよ」と、よく言っていたくらいだから。毎日、楽しいことだけ考えてやったほうがいいよって。

かなしいことはすごく嫌で、大声あげて怒るなんてこともなかった。それと、とにかく争いごとが嫌いで。気に入らないテレビドラマとか、チャンネルを間違えて押すと「母さん、それ消して」と、即、反応する。

家の中では、とにかく弱虫でしたね。病院に行くのもこわくて、私が「大丈夫よー」と声をかけて、月一度、しぶしぶ病院の検査に通うという感じ。検査入院した二週間のことをふりかえると「明日、自分の身に何が起こるのかを考えるだけで、身がふるえた」って、だから「家は天国だね」としみじみと言っていましたよ。

（二〇一五年九月）

いいところだけを見る

年下の知人が訪ねて来て「離婚しょうかと悩んでいます」と話しはじめたの。そこに至るまで、いろんな経緯があってのことだとは思うけど、歳をとって離婚するなんて、そんな非情なことはだめよと言ったの。若いうちならばともかく、歳をとって男の人をひとりにするなんて、私ならできないと思って。

人にはいいところと、悪いところがあるでしょ。悪いところを追及していくと、どんどん悪くなっていく、いいところに目を向けるようにしなさい。それと最後まで離婚しないほうがいいわよって言ったんだけど。

この三月、はなこの大学の卒業式があって、私たち二人も出席したんですよ。それからお父さんが、娘婿に二通の手紙を書いて。いままで、そんなこと一度もなかったの。

一通は、はなこをこれだけりっぱに育ててくれて、ありがとうというお礼状。

もう一通は三つのことが書いてあって。一、お金は第一ではない。一のところにペケしてある。二のところは財産とか地位。これも一切必要ないとペケ。三のところは人間のやさしさ、それがいちばん大事だと、そこにマルを打って。

それで、生きている間にはいろいろある、そのときの状況によって、いくら一生懸命やってもできないこともある。一切いままで何も言わなかった人が、感謝の言葉として書き送るって、「あー、おかしなことあるな」と思っていたの。

やっぱりね、人間はやさしさが一番大事よ。お金とかじゃない。お金がないと苦労するかもしれないけど、「苦労する」っていうことを、自分から言ったらいけない。そりゃあ、苦労させられると、もう嫌だと思う感情は誰でも抱くだろうけど。

その知人は夫婦として、もうしゃべることもないって。ひとりになって平気なのかもしれないけど、歳をとっての離婚はやめたほうがいいと思うのよ。男の人は、若いときは力があるから、また好きな人と結婚したらいいけど、六十を過ぎてひとりで生活をはじめるのは哀れよ。

女の人も自立して生きられるなら、それもいいとは思うけど……、いまの女の人は割合、そういう風に考える人が多いみたいよね。

誰かと一緒に暮らすのって、そりゃぁ、むずかしいわよ。いまの若い人から見たら、うちのお父さんなんて自由奔放、好きなことをやってきて。でも、離婚は考えたことはなかった。私は食べさせてもらおうと思って結婚をしたから。幸い、こうしなさいと言われたことはなかったし、けんかをしたこともなかった。けんかの材料がないし、言うことはまともでね。

ひとりより、二人がいいよ、ぜったい。ひとりになってごらんなさい、長いわよー。この歳になって、私、はじめてひとりになって、そう思ったの。小学校の頃からひとりが好きで、いつもひとりだったから、ひとりは苦にならなかったけど、今回のひとりは、さびしいというより、いままでに経験したことがない感情よ。

自分が決めた人だから、いろんなことがあっても、いいところを見て。ひとりの人間に、そんな悪いところがたくさんあるわけないもの。過信しすぎているんじゃない？　自分にも悪いところがあるはずよ。相手から見れば、きっとあると思うの。そのことをまず考えなきゃ。

みんな離婚を考えると思うけど、この人と一緒にやっていこうと思って自分で決めたんだから、最後まで全うしないと。そういう精神は、自分の中にありました。

どんな人と一緒になっても、よかれ、悪しかれ、いろいろあるわよ。それが生きるということ。いいとこを見るように努力をして。そうしていくとよくなっていくのよ。私も、そうだったから。この人と一生やろうと思ったんだから、その思いを大事にして、もう一度考えてみたらどうかしら。

（二〇一五年九月）

津端英子様
幸せいっぱいの一年になりますように

National
5
MAY
SUN

1974

1975

ひとりになって

PART2

手紙大好き

うちはゆるやかな坂を下ったところに家が建ったので、バイクが道を下って来るとエンジンをふかさないから、音があまりしないの。だけど郵便屋さんが来ると「母さん、手紙きたよー」と、奥で書き物をしているお父さんが、台所にいる私にむかって言うの。「えっ、バイクの音なんか、しないけど」と、半信半疑で外に出て、郵便受けの中を見ると手紙がある、だから耳はよく聞こえていたのね。

昔から手紙をよく書く人で、お父さんとお見合いをして、私が返事するより先に手紙がきて、結婚式までの段取りがそこに書いてあるから驚いて。それから結婚までの半年間、ほぼ毎日手紙が届いた。

好きなのよ、手紙が。郵便受けの蓋裏に「手紙がきて、受けとるのが楽しみ！」という内容の詩を書いているくらいだもの。郵便屋さんも、それを読んでいるんじゃないかしら。午前中に五、六通、午後も五、六通書いて。月の切手代は一万円以上。ずうっと、いろんなことを発信し続けていました。

お父さんの入院以来、娘たちが家によく帰って来るようになったでしょ。それまで二人とも、毎日の仕事に追われて、ぜんぜん顔も見せなかったけど。私の気がつかないところを、娘二人が気をきかせてやってくれるから、お父さん、うれしかったんだと思う。それで二人が心配するといけないって、はがきを毎日書くようになって。その日あったできごと、身辺の様子、相談事なんかを。

この一年は一三〇くらいの血圧で安定していたけど、何か事が起こると一五〇代に一気に上がって。そういうとき、気持ちを落ち着かせるためによく手紙を書いて。書いていると心が静まるんだって。まるで、おまじないのように。そういう自分なりの対処の仕方をもっているのは、いいことよね。

娘のほうは、毎日届くはがきをサラサラと読んで、ダンボール箱に入れておいたそうよ。亡くなる日の朝も、いつもどおりに届いたはがきを読んで、それで私からの電話が突然かかってきたから驚いたって。

その箱の中のはがきを、あらためて整理したらファイル二冊分もあって、一人二冊だから合計四冊。いま、そのファイルは、お父さんの書斎の棚に入れてあります。娘が、あらためて読みかえしたら泣けてくると言って。みんながいるときに読むのはいいけど、私ひとりのときは読まないようにしているの。

母さんにはいろいろ世話になっているとか、母さんにプレゼントを一度もしなかったから何かあげたいとか、感謝しているとか、そういうことが書かれたのもあるよと娘が言っていたけど。そんな、感謝するのはこっちよ。「ありがとう」さえ言えず、逝っちゃったから、それが一番残念なことで。「お母さんは、お父さんに守られてきたからよかったのよー」と娘がいつも言っていたけど、確かにそうなの、この歳まで守られてきて。

「亡くなったご主人のこと、考えますか?」と聞かれて、自分が、あのときこうしてあげればよかったなとか、自分がやらなきゃいけないこと、そういうことを考えると落ち込むから、あまり考えないことにしていると答えたけど。一日小刻みに動いて、くたくたになって寝ちゃうのがいちばんいいわね。

いまも手紙や荷物が届くと、お父さんの写真にむかって「お手紙、きましたよ!」と声をかけるの。生前なら、待っていました! とばかりに書斎からごそごそと出てきて、荷物なら「なんだろー」と言いながら、ワクワクしながら開けてた。そういう子どもの部分が多かったですよ、お父さんは。

(二〇一五年九月)

人に頼らない

先日、上の娘の旦那さんの血圧が高いと聞き、お父さんが食べていたものをつくって、宅配で送りはじめたの。いままでは、はなこのお弁当用のおかずが中心だったけど、減塩料理に変更して。一日でも、早いうちに食事改善をしたほうがいいと思うから。

上の娘は、はなこを産んでずっと専業主婦。ある日、新聞の求人広告を見た下の娘が、「お姉さん、家から近いし、ここどう?」と。それがきっかけで働き出し、最初はパートで窓口。それから医療事務の資格をとって、いまは正社員として。なんでも仕事は忙しくて大変なんだけど、充実している感じ、話を聞いていると。

「お母さん、パートだからって、パートの仕事だけやっていたらダメなのよ。先生方が困っていることを、自分から率先してどんどんやらなきゃ」と言うの。

お父さんの入院時には、気をきかせていろいろやっていましたものね。病院ではおやつも出たけど、一切食べなかった。市販のレトルト品で、お父さん、それを見るだけで不機嫌になるから、「うちは食べませんので、これからもいりません」と丁重にお断りしたの。でも親切心から持ってきてくれる人もいて、おやつが配膳される気配を感じたら、先回りして「いりません」と娘が。そんなささいな気遣いが私はできないから、外で働けないなあと思いましたよ。自分は何もできない、そう思って結婚をしたくらいだから自覚はしているの。嫁として食べさせてもらうのなら、家の中のことだけは、しっかりやろうと思って。

でも結婚するまで私は、何でも人任せ、やってもらうのはあたりまえという感覚で、自分でやるという発想がなかったの。「一人で、何でもできる人になりなさいって」と、しゅういちさんに言われて、「これはどうかしら?」と相談するようになると、「とてもいいことだから、やんなさい、やんなさい」と気持ちよく促してくれて。自分の意見なんか言えないほど、内気な性格だったけど、いつでも肯定してくれたのがよかったのね。それでいい気になってやってきた。

娘たちを育てるときもお父さんは、勉強のことは一切言わず、いまによくなると言い続けて、何でもほめて。悪いことは言わない主義、だから娘も私も、のびのびやれてよかったのね。

いつも上の娘は帰りが遅いから、旦那さんが夕食をつくって、はなこと食べるようになったんですって。「僕たち、やっと自立できるようになりました」と笑っていたけど。

でもね、娘たちに言うの。旦那さんがやってくれるからって甘えたらダメよ。料理をつくるのはあなたの役割。忙しいからって、人に頼らないこと。好きなことをやっているならなおのこと、家族あっての自分だからと言い聞かせているの。

（二〇一五年九月）

自分の楽しみをみつける

ひとりになっても、生活はあまり変わりませんね。お父さんが、いないだけで同じようなことをやって、毎日忙しく……、それが、よかったのね。逝ってからの五か月があっという間に過ぎていった感じ。

どうぞ、かけてください。いま、お茶を淹れるわね、いただいたダージリンがあるから。お父さんが住宅公団に入ったときにお世話になった上司の方がいて、その上司のお嬢さんが送ってくれたの。うちも娘二人だったから、そのお嬢さんの洋服のお下がりをいただいたり、私も奥さんの洋服をいただいたりして、とてもよくしてもらって。うちのお父さんが亡くなって、久しぶりに遊びに来られて、私の紅茶好きを知って送ってくれたの。インドから直接取り寄せているんですって。

グラタンをどうぞ。熱いから、ゆっくり、ゆっくり食べてね。私、もとから乳製品は苦手だったけど、ますます、こういうものが苦手になって、自分はあまり食べないの。遠慮しないでね。

《ピンポーン》はーい。（玄関へ）

「お話しましょうか」といらっしゃって。宗教の方というの？　お断りして帰ってもらうんだけど。お父さんが逝って、娘がすぐ玄関にインターホンを取り付けたの。いままではお父さんが守ってくれたけど、これからは用心しないと危ないって。電話も、留守番電話機能付きのものに替えて。セールスの電話も、これなら直接受けずにすむからと。でも私、機械に弱いでしょ、何をどうやればいいのか、使いこなせないわよ。

やっと先日、お父さんがお世話になった方々に、庭で収穫したハブ茶やかぼす、栗、梅干しなんかを、ごあいさつ代りに箱に詰めて全部送って、ほっとしたところ。いままで、荷物づくりはお父さんがやってくれた仕事だったでしょ。だから大変だった、ひとりですべてやるのは。夜なべしながらハブ茶のさやを叩いて実を出し、まあ、それも供養だと思って。……ひとつの区切りがつきました。

私、ひとりって、はじめてでしょ、この歳になって。なんか味気ないと思うのよ。さびしい気持ちというのはないんだけど。昼間はいろいろやって動いているからいいけど、夜は仕事しないから、テレビを少し見るの。なんか、むなしいっていう気がする、ひとりで生きるのが。いままでずっとお父さんのことをやってきたでしょ。

お父さんは、自分でお茶を淹れたり、果物の皮をむいて食べることもなくて、いろいろなことをガタガタやっているときは、「ひとりになると、らくなのになあ…」なんて、若いときには思ったこともあったのよ、じつは。六十代の頃は「もし、お父さんに何かあっても、ひとりで生きていかれるわ」と。だけど誤算だった、ひとりというのは、むずかしいと思うもの。

ひとつ間隔をおいて娘と孫がいるから、やることはあるんだけど、これからは自分の楽しみを見つけないと。畑があるし、編み物とか、そういうのはこれまでどおり、ゴソゴソやるとは思うんだけれど…。これから、いろいろな山野草を庭に入れたいと思っているの。はなこが、お父さんの月命日に山野草の鉢植えを送ってくれるから、花が終わったらそれを植えて。ニッコウキスゲとか、そういうものも、こっちに移植しようと考えて。この居間から、目に見えるところで咲くといいかなって。

あと楽しみといえば、この十月から日本全国のお漬け物の取り寄せをはじめてみたの。お父さんは、うちで漬ける青菜の浅漬けくらいは食べたけど、それ以外、まったく口にしなかったから。私は漬物好きでね、全国にどんな漬け物があるのか興味があるし、それを食べてみたいと思って。京都のしば漬、秋田のいぶりがっこ、東京のべったら、いろいろな地域の旬の漬け物が毎月届くから、それは、ささやかな楽しみよ。

それと、おばんざいも申し込んで。京都でいっぺん食べてみたいと思っているけど、なかなか機会をつくれないから。ここのおばんざいは、京都の地野菜や近郊で獲れる魚を使ってつくるみたい。毎回二種類のものが、二人前ずつ冷凍で届くの。これなら娘たちが来たとき、一緒に食べられるかなって。私ひとりだったら食べきれないし、たぶん申し込まなかったけど。

外食もときどき、娘と楽しむようになりました。名古屋市内まで買い出しに行くついでに、名古屋駅で待ち合わせして、料理屋さんでゆっくりお昼をいただくの。娘も「こういうお店で食べると、勉強になるわね」と喜んで。

考えてみると、娘たちが家庭をもってから、いままでこういう接点はなかった。なんでもお父さんと二人でやってきて、そうした時間をあまりもたずにきたでしょ。これからは外で食べたり、あっちに連れて行ったり、もらったり、そういう風にしていこうと思うの。

母は四十八歳の若さで亡くなって、当時、私は女学生で、こんなことはできなかったから、この状況をしばらく楽しもうと思って。

（二〇一五年十一月）

自分で自分を鼓舞する

畑のほうもゴチャゴチャにしておくとダメね、何も植えないと荒れていくから。また、これから一生懸命やろうと思っているところですよ。

先々週、いちごの苗を七十株、三区間分使って新たに植えたの。夏に、いちごのランナーをとって植えたら、ずっと雨が降らなくて枯れちゃったから、これじゃしょうがないと、いつも頼む二十年来の苗屋さんに持ってきてもらったの。一株百五十円のところを百円でいいですって。

フフッ、なんかうれしいわよね、おまけは。

ランナーっていうのは、いちごの株が大きくなるとツタが伸びて、ところどころ下に根がつく。それを切り離して土に埋めておくと根づいて、育っていくからすごい生命力があるのね。

そうやって植え替えをしたけど、お父さんが亡くなってバタバタしていたでしょ、それで水やりのタイミングを逃して枯らしちゃった。いつもなら梅雨が終わった頃に植え替えをして、肥料をあげたり、水をやったりして越冬させるの。あんなかわいらしい実をつけるけど、冬の厳しい寒さを経験させないとダメなんですって。桜も寒い冬を越さないと、きれいな花を咲かせられないって聞いたことがあるけど、過保護にしちゃいけないのね、植物も。

まだ十一月なのに、ぽつぽつ、いちごの花が咲いちゃって。無駄花になっちゃうけど、しかたがないわ。いちごは本来、春先に花を咲かせて、五月頃に収穫するんですよ、露地ものは。上手に育てれば、一株に百粒できるんですって！　ひとつ、ふたつと赤くなってくると、毎朝摘んで。お父さんも、「春の楽しみだねー」って顔がほころんで。

暖冬なんですってね、今年は。うちの大根は遅蒔きだったから、まだ小さい。葉っぱはよく茂っているけど、年内には食べられるかしらねえ。じゃがいもの植えつけも遅かったし。つる豆は通常だと年の暮れにはできないけど、今年はもう花が咲いているから……。例年通り、秋野菜を蒔いた人は、大きくなりすぎて困っているそうよ。うちみたいに遅かったのは、逆によかったみたい。気候の変動が大きいし、台風の威力もこのところすごいから、予想するのはむずかしい。

猫がいた？　そう、猫が畑によく遊びに来て。この辺、やわらかい土があるところがあまりないからじゃない。種を蒔いたら寒冷紗をかけておかないと掘られちゃう。昔ね、半田の実家で猫を飼っていて、とても可愛がっていたの。「ポンちゃん」と名付けた猫と一緒に撮った写真が何枚もあるくらいだから。私が結婚したら、そのポンちゃんがいなくなっちゃって。お父さんは猫嫌いだったから、私もだんだん猫が苦手になっちゃった。

今年、お父さんと栗の苗木を二本植えたんですよ。二本あるけど、年月が経ってくたびれてきたから、そろそろ新しい木を入れていかないと、と思って。

娘が、山ぶどうの蔓が欲しいから、垣根のところに山ぶどうを植えてって。リースに使いたいんですって。苗木のカタログを見ていたらそんな話になって。好きな山野草も、ぽつぽつ植えているの。いまはまだ追われている身だからダメね、いろんなことで。来年の春からは少し余裕もできるかなと思っているけど。

もともと、お父さんも私も、ここは自分たちのものとは思っていなくて。借り物。私たちは通過点でね、最後まで住まわせてもらえば、御の字よ。

去年まではお父さんが落ち葉を集めてくれたけど、今年からは私がやらないといけないから、ここのところ毎日、その作業に費やしている。午前中、三袋詰めて。畑の防寒用として、ずいぶん入れましたよ。ビニールをかけて寒さをよける方法もあるけど、後始末が困るなと思って。わらや落ち葉をのせておけば、自然に腐って土が肥えるからね。

朝、寝て起きると、肩が凝っていたり、腰が痛かったりするの。それでも起きて動いているといつの間にか痛いところが直っていくから、手足を、どんどん動かしていかないと。寝たきりになっちゃうとダメだなと思うから。「九十までは、頑張らないといかんな」と自分を鼓舞してね。

（二〇一五年十一月）

思い出を食べる

私ね、お父さんの好きな物、あまり好きじゃなかった。食べ物に限らず、いろんなこと違っていましたよ、いま考えると。よく暮らしてきましたよね。あの人、漬け物は食べない、鶏は食べない、青魚は食べない、だから偏っていた。朝は、ご飯を食べて。そんなことを考えれば、じゃあ、別々がいかなって、私はパンを食べることにして、折り合いをつけてやってきました。

私は女学校二年まで母の料理を食べていたでしょ。体が弱かったから、外のものは食べられなかったの。結婚当初、お父さんはお肉屋さんのコロッケが好きで「母さん、あの店のコロッケ、おいしいから買ってきて」と言うから買いにいったけど、そのうち私のつくるものばかり食べて、外のものをだんだん好まなくなっていった。だけど崎陽軒のシューマイと、うなぎだけは別、ずうっと食べていました。

「好きなものは思い出がいっぱい詰まっているから、思い出をいっぱい食べているようなものだね」と、ある日、こそっと言ったの。

しゅうタンの父親は、近代の短歌を調べて全集を残した人ですけど、お金儲けとはまったく無縁な人でね、だからしゅうタンは、中学校もいけるかどうかわからないっていう状況だったらしいの。それで、学生のときに大学で給仕のアルバイトをしていたんだって。夜、会議があると、先生方はうな重をとって食べるらしく、残ると「つばた君、これ残っているから食べなさい」って、二つぐらいお弁当をもらって食べたこともあったって。「あれはおいしかったなあ」と、それでうなぎが好きになったみたいよ。当時、最大のごちそうだって。

シューマイはヨットに行く途中、横浜で崎陽軒のシューマイ弁当を買って食べた思い出あるからと。いつもお弁当をつくりましたけど、「今日はいらないよ」というときは、シューマイ弁当を食べていたみたい。

それでこの前、夏目漱石を特集したテレビを見ていたら、東京はあまりうまいものがない。京都のほうがいいって言っていたけど、でも最終的には〝東京のめざし〟、あれが一番おいしいって。それは、小さいときの思い出を食べているからなんだろうって。あー、そういうこともあるんだなって思ったの。同じものばかりくり返し食べても、ぜんぜん飽きないのはそういうことかって。

こんなことを話していたら、ずっと忘れていた昔のことを思い出しました。お父さんが住宅公団に入って、イランに半年間くらい赴任して帰ってきたとき、イランのスープをつくってほしいと言われたの。じゃがいもとかが入ったドロッとした感じのスープ。スパイスも使わずに、ごくふつうのスープだったけど。

アメリカに行ったときはハーフメロン。メロンを半分に切ってスプーンですくって食べていました。

ドイツに行ったときはシュニッツェル、いわゆる豚のカツ。日本みたいに油で揚げないで、お鍋にバターをたっぷり入れて焼くの。豚肉を薄くして、粉と卵、パン粉の衣をつけて、両面香ばしく。バターソテーみたいに焼いて。変わった人だなあって思っていたけど。よそ（異国）から戻ると、「あれが食べたい」と言うから、頻繁につくって食卓に出しました。半月くらい、ずうっとそれを食べ続ける。

イランのスープと言われてもわからないから、話を聞いて「私流につくってもいい？」と言うと「いいよ」って。現地で食べたものと同じかどうか知りませんけど、何も言わずだまって食べているところをみると、それは思い出として味わっていたんじゃない。

女は、同じものをたくさん食べるより、いろんなものを少しずつ食べたいと思うから、男とは趣向が違うのね。いまなら思い出が詰まった食べ物が食べたくなるという、そういう気持ちもわからなくもないけど。

私の思い出の食べ物って何かと考えると……、春先につくる梅干しの甘煮かな。母が、梅の花が咲く頃、前の年に漬けた梅干しが残っていると、塩を抜いてから砂糖で甘く煮たのをつくってくれて、毎日一粒ずつおやつ代わりに食べていたの。べつに、どうってことのない素朴な味。だけど、なんだか食べたくなって。人それぞれ、思い出の味がありますよね。

（二〇一五年十一月）

女はしたたか、男は……

お義母さんはどちらかといえば、実業家肌で、家庭のことをあまりしないという人だったから、しゅうタンは精神的にさびしい思いをしながら育ったんだと思うの。でも男の子にそういう思いをさせるのはよくない、どこかがゆがむというか……。私から見るとしゅういちさんは、どこかさびし気だもの。

女はいいのよ、そういうふうにしなくても。したたかに生きるから。「旦那さんが亡くなっても、女は生きているでしょ。だからお母さんは大丈夫よ」って娘が言うんだけど、ほんとにそうだと思いますよ。

「男の人は弱々しいかもしれないけど、いばる！　あれが許せない」と、ここで意見する女の人もいたけど、「いばるなんて考えるほうが、おかしいわよー」と笑ったの。

好きなだけ言わしておけばいいじゃない、言いたいんだもの。別のことで頭の中がいっぱいになって、それが、きつい言葉で出てきちゃう。そこは受ける側が、「いまは、あれだな…」って、状況を察してあげて。考えようよ、言われたことに対して、いちいち頭にきていたら、こっちが大変だもの。社会で仕事をしていると、いろんなことがあるわよね。正しいだけの理屈じゃ通らないこともあるし、ストレスもたまる。

それとね、生まれてからひきずってきたものがその人なりにあるから、そういうことも含めて考えてあげると、すこしは柔軟になれるんじゃないかしら。しゅうタンと六十五年暮らして、そういうふうに考えられるようになっていったの、私も。

そのとき、そのときに考えてみるの。ひとつの物事でカッとなるより、この前の段階で、どういういきさつがあったのか、別の視点から考えてみると、別の見方もできるでしょ。そうやって長い夫婦生活をやってきました。自分の中で、昇華してきたっていう感じかな。

お義母さんが「しゅういちは子どもの頃、大工道具を置いておくと、ずっと飽きずに遊んでいて」と言っていたけど、その分、彼のさびしさというものを、どういうふうに見ていたのかなと思う。おそらく体の中に、そういうものが知らず知らずのうちにたまっていくんだと思う。だからもっと、もっと深く考えてやらないといけないと思うよ、とくに男の子はデリケートだから。

私くらいの歳になると、もう何でも許せるっていう感じになる。もっとも、お父さんもそんなに波風立てるようなことはなかったけど。大変と思うことも、じつは、あまり大変じゃないと思う。娘にも言うの、大変なことって、一生にそんなにたくさんあるわけじゃないからって。

（二〇一五年十一月）

うまくできないからこそ

この西条柿は、私が八十歳のときに植えたの。桃栗三年、柿八年というけど、二年前から実をつけはじめて、干し柿をつくったの。いまは接ぎ木してあるから、八年かからないみたい。植えるとき、お父さんに笑われたのよ。「八年も実がならないのに、植えたの?」って。だけど昨日のことのように、あっという間。

干し柿は今年で二回目、去年は失敗したからその経験をいかそうと思って。干物をつくるときに使う青い網があるでしょ、ハエがたかるから、あれに並べて干すの。それで、一日に何度もひっくり返しながら風をあてて、夜は網ごと取り込む。手間をかけているつもりだけど、白くきれいな粉はふきませんねえ。あたりまえだけど、売られているもののようには仕上がらない。

いま、冷蔵庫に入れて乾燥させているから、あとひと月も入れておいたら、白っぽくはなると思うんだけど。これは干しすぎてちょっと固い。口に入れて噛んでいると、だんだん甘くなってくるから味はいいんだけど。ケーキとかを焼いても、この頃は食べたいとはあまり思わなくて、むしろ素朴な干し柿のほうがいいの。自然な甘さが舌になじんで。

西条柿は渋柿で、普通の渋柿とはまた違うのね。

熟れてから皮をむくのでは遅い。黄色みが少しかかって、ガチガチのときに皮をむいて干さないと。そのタイミングを逃すと、すぐやわらかくなって、ダラダラになっちゃう。来年は今年以上に、上手にできるかなって思うけど。干し柿一つ、つくるのだって、くり返し、くり返しやらないと、うまくできない。だから、また来年もつくってみようと思うし、うまくできないからのおもしろさがあるのね。

筆柿と、大きな実をつける柿の木もあるけど、大きな柿はそのまま木にならせっぱなし。枝が高くて、収穫できなかったの。筆柿は甘柿でそのまま食べられるけど、ひとりじゃ食べきれないから、今年はお世話になったお父さんのお友達に送って。

種無し柿は、ホルモン剤を使ってならせるんですって。この西条柿なんかは、種がいっぱいだから、「食べにくい」ということになっちゃうんでしょうね。そのせいか市場にもあまり出回らないし。自然のものを、人間にとって都合よく変えちゃうけど、どうなんでしょうね。

「あと八年も生きるの」と笑われたけど、次の世代のために植えておけばいいかなって思ったのよ。

（二〇一五年十一月）

先のことを考えて悩むよりも

インターネットだと、いろいろな情報が、あっという間に調べられるのね。お父さんや私のことも、そこに出ていると娘から聞いて驚いて。いったい誰が、そんなものを入れるのかなって。「だからお母さん、あぶないのよ。しっかり用心をしてね」と娘に釘をさされたの。

これは、私が山野草好きだからって、その手の情報をネットから集めて印刷し、娘が持ってきてくれたの。いままで、そういう情報はうちになかったけど、ひとりで退屈しないよう、いろいろ気づかってくれて。銀行の振込みも、銀行まで足を運ばなくてもその場で簡単にできるのね。ここでチャッチャッとやって、「お母さんの口座に、いま、お金を振り込んでおいたからね」って娘が言うから、それにも驚いて。

それにしても東京は、いろんなものがありますね。ありすぎるんじゃない？　情報も入りすぎて。お父さんは新聞を二紙とって毎朝すみずみまでよく読んでいましたけど、退院して、しばらくしたら新聞をとるのをやめて。そしたら、何のために今まで読んでいたのかなと、言っていましたよ。

先日、五十代の女の方がいらっしゃって、子どもの手がもうすぐ離れ、六十歳になったら定年で仕事も辞め、その先、どうしたらいいかを悩んでいるんですって。六十歳になるまでに考えようと思っているので、畑を見せてくださいと前に手紙をもらっていたの。

私の五十代は、お父さんが広島大学で働いて、日中何もすることがないから、田んぼと畑を借りて、ひとり農作業に没頭していて、先のことを深く考えたこともなかった。毎日体を使っているとクタクタで、そんな先のことを考えたりしないのね。いまは世の中スピードが速いし、どんどん時代も変わって、みんな悩んでいるわね。子どもも、大人も、そして老人も。

「老後のこと考えましたか?」と若い人に聞かれて、一切考えていなかったと答えたの。畑があれば、なんとか食べられるだろうって、それくらいのことで。老後の備えもしてこなかった。時代は高度成長期で、景気は右肩上がり、未来は明るいと楽観的な考え方の人が多かったけど、いまはどんどん世の中の雰囲気が暗くなっている感じだものね。でも、あまり悲観的に考えすぎないで、できることを一生懸命していくしかないと思うのよ。未来は大事だけど、いまを大事に生きることのほうが大事。

「みんなが本当に欲しいのは、物ではなく心の充足です」とターシャ・テューダーが言っているけど、心が充たされたいということなんでしょうね。あまり不安になりすぎないほうがいいよね。

（二〇一五年十一月）

モツの串焼き、そしていろいろなこと

　夕方六時五十分になったら天気予報を見て、夕食が片づいちゃうと、何もやることがなくなっちゃうの。それで見たいテレビがあればそれを。目が疲れるからあまり長い時間は見ません、肩も凝るし。いい韓国映画もやっているよって教えてくれるけど、映画は疲れるから最近は見ない。テレビは、籐の椅子をずらして真正面の位置で見るようにするの。なるだけ楽な姿勢で、疲れないようにと思って。籐の椅子は軽くていいですね。私なんかでも簡単に動かせる。

　京都を紹介する番組があれば、たいてい、それを見ます。おとといは、女優さんが二泊三日でお母さんと一緒に旅するという内容で、食べ物やお店、街並みの風景なんかが紹介されて楽しかったですよ。

　船越英二さんの息子さんが、いるでしょ、俳優の、ええっと……。その息子さんが京都通で、京都を紹介する番組があるの。この前は「隠れた味」というのをやっていて、一軒目は金平糖をつくっているお店。その時季のフルーツを使った金平糖とか、ワインの金平糖、コーヒーの金平糖、そういうものを手づくりでつくって商売をしている人もいるのね。

　あと老舗の針屋さん。針ばっかり売っていて、針なんて同じように見えるけど、使うとそのよさがわかるんだって。そのお店にもぜひ行ってみたいと思った。次回は「おばんざい特集」とい

うから、いまから楽しみ。

私が、あまりに京都のことを話題にするもんだから、来年の春になったら京都に行ってみようかと娘が言っているの。それで京都のこと勉強しなさいって、娘が本をたくさん持ってきてくれて。お寺のガイドだけでなく、食べ物や器、いろいろな所が紹介されていて、まあすごい。

「これからは、一人で好きなところに行けばいいわよ、お母さん」と言うけど、いまさら一人で旅行になんか出かけられないわよ、慣れていないんだもの。それにお父さんをここに残して、よそに泊まれないと思っているから。名古屋からだったら、京都は日帰りで行けるから、娘と日帰りで行こうと相談しているの。


あと、近頃は『酒場放浪記』を見るの。お父さんはそういう番組は嫌いだから見たことなかったけど、私はいっぺん見てみたいなと以前からじつは思っていて。「お父さん、ごめんなさいね。あれ、見るから」って、わざわざ断りを入れてから。

庶民の楽しみね、見ていると、いいおかずがあるのよー。ちょっとしたアイディアが、料理のヒントになる。あと、どんなお酒にあうか。だいたいは日本酒で、モツの串焼き系が多いの。それを見ていたら、小さい頃に自分もモツを食べたことを思い出してね。そんなこと、すっかり忘れていたけど。

実家の冬蔵では一、二月頃、新酒を絞るんだけど、ゴトゴト絞っていると、そのにごり酒を目当てに呑んべいがやってくるの、自転車で。

店の大門を開けておいて、冬蔵に自由に入ってもらって、味みしてもらう。ブルーのまるい模様が入った利き酒用の盃があるでしょ、あれで。チョロチョロ出てくるお酒を汲んで、それから〈下の台所〉に寄って、一升瓶に入った生酒をねえやから、コップに注いでもらって飲むの。いつも来る人たちはわかっているから、お酒のあてになるおかずも拵えておいて。もちろんフリー（無料）よ。

その中にいつも、二、三人、モツを持ってくる人がいてね、あとで聞いたら、またぎの人たちだって。そのモツを、ねえやが八丁味噌で煮込んで「英子さん、煮えたからちょっと食べる？」ってこっそり聞いてくるの。ほんとは私、そういうものを食べちゃいけないの。おなかも弱いし。運悪く母にみつかると「ちょっと英子、いらっしゃい！」と、仏壇の前にきっちり正座させられて問い詰められ、そりゃあもう、怖いのなんのって。ワーワー泣いた。

だけど、そのモツの味噌煮込みは、おいしかったですよ。新鮮だったんでしょうね。〈下の台所〉では、しょっちゅう食べるけど、〈上の台所〉ではそういうものは一切食べなかった。だから、ちょっと口にしたのが、よけいにおいしく感じたというのはあるかもしれないわね。

またぎの人たちは、その絞りたてのお酒が飲みたくて、飲みたくてしょうがないの。冬のいちばん寒い時期、それ飲んで体をあったためて、フラフラで帰っていくわけ。「またね！　おじょうちゃん、またね！」と、ごきげん。それはにぎやかだったですよ。

食事どきにお店に来た人には、どうぞ、どうぞって当然のように食事を出して。家の人と外の人、わけへだてなく。日頃お世話になっているんだから、どんな人にも同じようにという考えだったのね。

うちの人は食べなくても、よそ様にはいいものをお出しするし、それが造り酒屋のあたりまえの常識だった。そういうのを見て育ったから、いまでも、みんなで食べようということになっちゃうの。なくても、あるものを分けて食べればいいじゃないと思うから。

その絞りたてのお酒は、甘くておいしいですよ。度数は高め。私はお酒を飲んでも酔わないけど、そんなにお酒を飲みたいとは思わないの。でも唯一、にごり酒だけは好き。お父さんも好きでね、毎冬、岐阜の酒蔵から取り寄せていました。お父さんはもう飲めないけど、今年も頼もうと思っていて。あれは、独特のお酒だからね。絞りたてを生で飲むわけだから、その時季でしか味わえない。


（二〇一五年十一月）

料理の幅も広がって

ひとりになったでしょ、ご近所の方が、お豆腐屋さんに行ったからって、豆腐をくださったり、湯葉をくださったりするの。車でないと、ちょっと行けないところだからって。ありがたいわね。

そのいただいた豆腐に、メリケン粉をつけて揚げたの。一度に全部は食べきれなくて、揚げて煮れば、少しは日持ちするだろうと思って。たいていの食材は冷凍するけど、豆腐はすが入るでしょ。豆腐も冷凍するっていう方法も聞くけど、私は試したことはなくて。それで、おでんに入れてコトコト煮てみたの。海老の頭と、貝柱、鶏の手羽を入れてだしをとって、あと醬油をちょっと入れただけ。素材からのだしも出ているし、どうかな、味は。

ここのところ、テレビの取材が頻繁で、こんどはお昼に何を出そうかと考えるの。最初の頃は、お父さんのことで精いっぱいだったから、食事はお出ししなかったけど、徐々に一緒に食事を食べるようになって。いまは私ひとりでしょ、こうやって人とごはんを食べられるのは、何より楽しい時間だからと思ってつくるの。

電話で、娘に料理の相談をすると「これと、これを、つくったらどう」と考えてくれて、この前はパエリアを。昔は、よくつくったけど、ここのところつくらないから、簡単につくり方も聞いて。しばらくつくらないと、どんどん忘れちゃうでしょ。

別の日は、ごぼうと豚肉を煮ておいて、中華風のおこわをつくると、「いままでとは毛色が違う料理ですね、とても、おいしいです」と、テレビの若い人も喜んでくれて。そんな料理も、この頃はつくるようになったの。お父さん、スパゲッティとか、うどん類はあまり食べなかったでしょ。いつもとは毛色が違う、変わった料理は好まないから、そういうものは、ほとんどつくらなかった。でも、ひとりになって、あらたな料理に挑戦してみようかと思って。料理の幅が広がっていくなんて、思いもしなかったけどね。

（二〇一五年十一月）

誕生日のお祝いはしない

退院後、定期的に月一回、病院に通うようになったでしょ。「九十歳になると、何が起こるかわかりませんよ」と先生から言われて。その言葉を毎回、耳にするもんだから、そのときまで、二人とも自分の歳を感じていなかったけど、しだいに自分たちがその歳を意識しはじめちゃったの。

先生は、もしものときに備えて親切心から言うんだけど、面とむかって言われちゃうと、頭のすみに残っちゃう。とくにお父さんは萎縮しちゃって。健康診断を受けて、検査結果でよくない数値が出たら、たとえ命に関係なくても身構えちゃうでしょ、そんな感じ。

だから今年から誕生日のお祝いは、やめにしようと言って。二人とも同じ一月生まれなの。お父さんの誕生日には、好きなものをつくったり、ケーキを焼いたりしていましたけど、私の誕生日はもともと何もやっていなかったから、いつもどおりの日常を過ごして。

「母さん、三度三度ていねいに食べて、ていねいに暮らそうね」と、退院後にお父さんが言ったの。ああー、そうだなと思って、それでこの二年半、毎日気をつけて、それに専念できたことは、とてもよかった。特別なことのない、いつもどおりの日常。それがなによりの幸せ。

ただ、残念に思っていることがあってね。私から「ありがとう」とお礼を言えずに逝っちゃったでしょ。結婚してからの六十数年、食べさせてもらって不自由なく暮らしてこられたから、逝く前にひとこと、言いたかった。ふだん、そんなこと、やっぱり言えないもの。言えない、言えない。それでけっきょく知らないまに、あっというまに逝っちゃって……。

はじめてのお見合いの席で「空気みたいだからいい」って言われて、変わったことを言う人だなって思った。「空気みたい」って、どういうこと？　何考えているんだろう。好きとか、嫌いとか、そういう感じじゃなかった。ただ、結婚して、不思議にだんだんよくなってきたという感覚は、わりあいに一致していたのね。

「なんか、仲よくなってきたね」と言うと、お父さんも「そうだね」って。まあ、結婚生活はいろいろなことがあるものですよ。いろいろあったけど、この結婚はよかったと思います。こうしてふり返ってみれば。いろんなことが違いますけど、遠くを見る方向は一緒だったのね。

私は小さいときも、お店の人に囲まれて育って幸せだったけど、結婚してからも幸せだったなと思う。そういうことに感謝して、これからも生きなきゃ。

この頃、私もふっと逝くことがあるのかな、と考えることもある。お父さんの最後を目のあたりにして、いつどうなるかわかんないなあと。まあ、それは、それでしょうがない。ただ、この家をもうちょっと守っていかないと。娘たちがここに住むまでの、あと数年を。

（二〇一五年十一月）

うろうろ

パイナップルケーキを焼いてみたの。干したパイナップルがあったから。でもやっぱり生で、ジューシーさがあったほうがいいみたい、味は悪くないんだけども。

石垣島から、毎年取り寄せるようになってずいぶんたちますね。生で食べるというより、ヴィネガーに漬けたり、お菓子用に。天日で干したパイナップルを冷凍しておいて、クリスマスのフルーツケーキを焼くときにも使うの。去年は不幸があったから、お祝い事は一切やめました。それで、冷凍庫に残っていることを思い出して。

これは昨日焼いたの。焼きたてを食べたほうが、おいしいと思うけど、どうかな。

なかのキャラメルもつくって。砂糖と水で飴にして煮詰めて。生クリームを足してもいい。ほんとは、生のパイナップルをバターで炒めて、その上にキャラメルを少し入れればよかったんだけど、何というのかなー、この歳になると〝うろうろ〟とするのね。

そう、うろうろ。……うろうろというのは、「先に入れちゃったほうが、いいのかなー。あとのほうがいいのかな」とか、急にわかんなくなっちゃう。迷うのよ。

それで、キャラメルを先に入れちゃったもんだから、パイナップルをひっくり返したとき黄色い果肉に、キャラメルが染みてクシャクシャになっちゃった。「しまった！」と思ったときは、あとのまつり。まあ、食べてみて。おみやげの分も焼いたから、よかったら持って帰ってね。

【パイナップルケーキ】

材料（直径20㎝のケーキ型1台分）
干しパイナップル適量、グラニュー糖１００g、水35㎖、無塩バター40g
卵3個、砂糖１００g、溶かし無塩バター40g
A（薄力粉80g、コンスターチ20g、ベーキングパウダー小さじ1）

◆作り方

1　鍋にグラニュー糖、水を入れて火にかけ、煮詰めます。キャラメル状になったら型に入れ、固まったらバターを塗り、パイナップルを並べます。
2　ボウルに卵、砂糖を入れてミキサーでもったりするまで泡立てて、溶かしバターを混ぜます。
3　Aの粉を2のボウルに加えながら混ぜ、1の型に流し入れます。
4　２００度のオーブンで10分、１８０度に下げて15分焼きます。

手と足の運動

今朝起きて、びっくりしたのよ、こんなに雪が降るとは……。だけどテレビのニュースを見ていると、北海道はもっとすごいでしょ。寒いところに住む人の暮らしは大変よね。自然が厳しいから、生活の知恵が生まれるんでしょうね。

男の人って、案外、冷え性なのよ。父は夏でも黒足袋はいて帳場で仕事していたし、しゅうタンも寒がりで、膝掛をいつも使っていたくらいだもの。冬は私の編んだ毛糸の靴下はいて、座布団型のホットカーペットと、湯たんぽを用意して書きものをしていましたよ。

私も冬場は毛糸の靴下を三重にして。重ねてはくと、どんなに寒くても平気。これでないと冬は過ごせない、それくらいあたたかいのよ。

山梨に住む姪が送ってくれる羊毛で、マフラーを織ると、半端の残糸が出るから、それで靴下を編むの。今年は三十本、お世話になった台湾の人たちにマフラーのプレゼントをしようと作業しているところ。半端の残糸もたくさん出るから、また、靴下がたくさんつくれそう。

昔、ねえやから靴下の編み方を教わって、私、勉強嫌いだったでしょ、女学校から帰るとそんなことばっかりやって。手を動かして何かつくったりすることは、子どもの頃から好きでね。

編み物をするのは、たいてい夜。テレビを見ながら、関心のあるところは手を休めて、コマーシャルになったら手を動かすというふうで。昼間はほかにやることがあるから、ゆっくり腰を落ち着けて編めないの。

模様は考えて編んでいるわけじゃないのよ。残糸で編むから、目の前にある糸を使って編むだけ。片方編んで、もう片方もそれに揃えるけど、まあ違ってもいいかなって思う。若い頃は、いろんな色を組み合わせたりもしたけど、いまはテキトー。偶然の楽しさが生まれて、それもいいと思うから。こだわらなくなるのよ、歳を重ねると。

編むときは、まず靴下の上の部分から。四十目つくって、どんどん編んでいく。かかとをつくって、つま先は目を減らしていって、最後は針で閉じる。こういう手仕事は、いつのまにか無心になって、気持ちが穏やかになれる、それがいいのね。

娘たちが小さかったときは、洋服なんかも編んでつくりました。「着ていると、グダグダになってくる…」と娘が言うの。私の編み方がゆるいのね。靴下くらいならいいけど、セーターみたいに大きなものは、グダグダになっちゃう。おにぎりを握るときも、そうなんだけど、きっちり、という感じにはならなくて。

着なくなったらほどいて、また編み直して、最後は靴下にするの。昔はどこの家庭でも、ごくあたりまえにやっていたんじゃない。物が豊富じゃなかったから、自分でつくって。毛糸のパンツも編んだし。あれは、あったかいのよ。フフッ、私も子どものときはいていたからわかる。

近所に、編み物が上手な〝せきおばさん〟という人がいて、よく編んでもらって。紺色の毛糸を用意して、「これで編んでください」とお願いするの。制服が紺だから、下に着るものも紺で揃えて。そういうものは編むものだと思っていた時代よ。いまこういう手仕事が見直されてきているのは、いいよね。あの頃の暮らしはつつましかったかもしれないけど、豊かさがあった気がする。

靴下なら三日で一足のペースで編み上げて。夜、二時間くらい作業して。毛糸があるうちはしょっちゅう、しょっちゅうやって。疲れないわよ、これは私の手と足の運動だもの、歳とともに元気になるための。

編みあがると達成感がありますかと聞かれたけど、ないわよ、日常のことだもの。できたらまた次を編んで、みんなにどんどんプレゼントして。できたものに興味はないから。もらった人が喜んでくれればうれしいし、「あったかいですねー」って感想をくれれば、よかったなと思う。

毛糸は、羊が着ているものだから、そりゃあ、あったかいわよね。これは北欧、ゴットランド島の羊の毛なんですって。その原毛を買って、姪が糸に紡いで。毛は染めずに、自然のまま。茶色もあるし、グレーや真っ白のもある。いろいろな色の羊がいるのね。この毛糸でショールを織ってほしいとたのまれているんだけど、一枚織り上げたらけっこうな重さになるわね。まあ重さは、あたたかさでもあるからね。

ああ、太陽が出てきましたねー。雪もこれなら溶けちゃうでしょ。午前中は寒いから家でゆっくりして、午後から畑に出ればいいわね。

（二〇一六年一月）

お墓のこと

静岡の富士霊園に、お義母さんのお墓があるんです。お義母さんのお葬式以来ごぶさたで、お墓参りをしたいと話をしていたら、「じゃあ、行こう」と娘が車で連れて行ってくれて。私の弟のお墓もそこにあるの。仏文の翻訳をしていたから、文学者の墓というところに眠っていて、そこにもお参りをして。

生前、しゅういちさんに、お義母さんと一緒のお墓に入ればいいじゃないと言ったんだけど、僕は南太平洋に骨をまいてもらうことを決めているから入らないって。だから納骨せず、そこ（小机）にお骨を置いたままなの。私が亡くなったら、海に一緒に散骨してもらって、南十字星の隣の小さな星に住もうって。南十字星はタヒチの人でいっぱいだからですって。「母さん、海は嫌いだけどいい？」と言うから「死んでからは、いいわよ」と返事をしたの。そんなことも含めて、お義母さんのお墓の前で報告をして。

娘やはなこは、私たちのお墓がないと、お参りもできないから困るって。だから、庭の雑木に目印だけつけて、そこにちょっとだけ骨を埋めてもらって。残された人の、心の拠りどころがないと困るかなと思うから。お墓に対する考え方は人それぞれですものね。

私の骨は、実家、半田のお墓にも分骨してもらおうと考えていたんだけど、先日、甥が来て

「僕たちの代はお墓を管理できるけど、子ども、孫たちの代ではできないだろうから、整理するよ」って。お参りにくる人もいなくなっちゃったら、あると面倒だろうって。そういうことを考えると海にまいてもらって夜空を眺め、あの星にいるって思ってもらうほうがいいかもしれないわね。

「わたしのお墓の前で、泣かないでください」っていう歌があるけど、本当にそうかも。空をかけめぐって、もう生まれ変わっているんじゃないかなって。実家の父母、兄弟が眠るお墓に入れてもらっても、誰もいないのかもしれない。向こうの世界のことは、わからないけど、永遠のものなんて、この世にはないんだなって思う。

（二〇一五年九月）

ひとりごと

《しゅういちさんの写真が飾ってある小机に向かって》

「お父さん、お茶をあったかくしたから、飲んでくださいね」

いつもそうやって、ひとりでおしゃべりしながらやっているんですかと聞かれて、そうなのと答えたんだけど。

生前、「お父さん、いまから畑やってきます」と言うと、「おーう！」と返事が返ってくるから、その調子でいまも、何でもしゃべってやっている。十時と三時のおやつの時間には、こうやってお茶を取り替えて。誰も訪ねてこないと、一日何にもしゃべらないじゃない。私が、どこかよそに行くわけでもないし。

娘が帰って来て、私がひとり、しゃべりながら家事をやっているもんだから、「お母さん、またひとりごと言っているー」と言われるけど、つい出ちゃう。歳をとるとね、だんだんそうなるのよ。

お父さんの赴任先の広島に住んでいたとき、前の家の奥さんが七十歳ちかくの人で、いつもひとりごとを言って農作業をしていましたよ。

野菜を収穫するときでも、「豆でもね、花が咲いて、それで実もならせるんだから、大事に採って食べなきゃねえー」とか、花をつむときは「とらせてもらいますよー」と語りかけたり、「自然の恵みをうけて育つんだから、大事に食べなきゃね」とか、ごく自然に対話しながら。

お父さんは、ほとんどしゃべらない人だったでしょ、だから私が勝手に口に出して、いろいろ言っていたの。口に出すとその言葉が、ときには予想外に発展していくから面白いという人がいたわよ。そういうこともあるかもね。フフッ、こうやっていれば気持ちも暗くはならないし。

あと、このごろね、手がなんでも勝手にやっちゃって、困っちゃう。無意識のうちに、手だけ勝手に動いていて、変なところにものが入っていたりするの。たしかここに、はさみを入れたんだけど…とさがしても、そこにはなくて。

あとね、何かしようと思って行動を起こすんだけど、やることを忘れちゃう。そういうときはふり出しに戻って考えてみる。だけど、すぐには思い出せなくて。別のことをやっているうちに思い出すかもしれないって。こんな経験はない？

思いついたことをすぐやると、頭の運動にもなるからいいのよ。歳をとったら、もっともっと動かないとだめ。どんどん、後退していくばかりだものね。

（二〇一六年一月）

あえて不便さを選ぶ

これは、お父さんがつくってくれた木のメッセージボード。ある日、私がお風呂のお湯を入れているのを忘れて、あふれ出ちゃって、それが、このボードをつくるきっかけ。「目に見えるものがあれば、忘れないだろ」って。

以前からもそのボードは使っていたけど、ひとり暮らしをするようになってからは、意識して使い出したの。食卓の目につくところに置いて、ガスを使っているときは、〈ガスがついています！〉のボードを出して、使っていないときは反対側に伏せておく。洗濯するときは〈洗濯中〉のボード、お風呂のお湯を出しているときは〈お風呂〉のボード、精米のときは〈精米中〉のボードを置いておくの。

こうやって目で見て確認できるものがあると、自分も安心できるからいいですよ。ほんと、ありがたいものをつくってくれたなって、いま頃になってお父さんに感謝している。

娘も心配して「火を使っているときは、そこを絶対離れないでね」「電話がかかってきたら、油を使っているときは必ず消してね」と。別のことをすると、うっかり前のこと、忘れちゃうこともあるから。

で、自分でも無意識のうちに緊張しながら、ふだん暮らしているんでしょうね、娘たちが来ると、気がゆるむというか、普通より緊張しない自分がいて。夜は、何時まで起きていても気がせかない。ひとりだと、もう寝なきゃとか、あんまりやると疲れるとか思うけど、そういう感覚を忘れて、娘と話し込んだり、ゴチャゴチャやって寝るのは十一、十二時頃ね。

うちの台所はお湯が出ないでしょ。不便だからと娘に言われて、一時期、ガス湯沸かし器をつけることも考えたの。でも私、電気やガスのことに弱いし、湯沸かし器なんかをつけたら、しょっちゅう気にかけているのは嫌だなって。だから結局、やめて。いままでどおり、やかんでお湯を沸かして、それを使えばいいだけのことで。水で洗うのも、長年ずっとやって慣れていることだから、なんでもないの。

私、便利にならなくていいんですよ。車を持たない暮らしで来たから、車がなくても平気で暮らせる。一度、車に乗っちゃうと、公共の乗り物を使うのは面倒だっていうでしょ。お父さんがいなくなっても、あいかわらず一か月に一回、名古屋市内まで買出しに出かけて。バスと電車、地下鉄を乗り継いで。昔ほど重いものは持てなくなったけど、それでも、行こうという意欲はあるから、最後までそれはやらなきゃと思ってね。自分に課して。

（二〇一六年一月）

ご新造としての心得があったからこそ

鬼崎のヨットハーバーには、よく通いましたね。一番高い岸壁に登って、海を見ていると、ポッと白いものが浮かんでくるの、遠く沖の方に。ああー、あれだって。

毎年夏になると、お父さんは友人たちを誘って、二、三泊の予定で出かけて、帰ってくる日の午後、私はみなさんのお出迎えも兼ねてヨットハーバーまで行くの。

それで、その白いものが徐々に大きくなって、近づいてきて、真っ黒に日焼けしたみんなの姿を見て、ああ今回も無事の航海でよかったあと思ってね。そういう光景を眺めているのは、うれしかったですよ。私は、苦手なヨットに乗らなくてもよかったし。

家族で夏休み、ヨットで外洋に出かけるときは、朝早く、五時頃に出航するの。出航するときは、私と娘たちはコックピットの中にさぁーと入る、うかつに外をうろうろしていたらお父さんに怒られるから、じっと静かにして。役に立たないものが目に入ると集中できませんからね。それで港を無事に出ると「みんな、出てきていいよー」と声がかかってデッキに出るの。あと泊地に止まるときも、同じように緊張する時間で静かにしていました。

外から見れば、まるでゆったりと優雅に遊んでいるように見えるけど、とてもそんな感じではなかったですよ。いつも、いつも、私は緊張して。何でもそうだけれど、お父さんのやることは「遊び」じゃなかった。考えてみると、あれは訓練だと思う。娘たちも、お父さんのヨットに乗るときは緊張したって。だからみんな、それぞれが緊張していたのね。

何度も遭難しかけて、死と隣り合わせの経験をしてきた人でしたから。それでもヨットをやめることはなくて、「ヨットは、長い友達だから」と言われて、結婚しましたからね。ああ、この人は完全に本気なんだって。

だから「坪井のおやじが、ヨット造らないかって言っているけど…」という話をしてきたときは、お義母さんに「しゅういちさん、ヨットを造りたいようなんですけど」と相談したの。カツカツの生活で、そんな余裕なんてなかったから。

「どれくらいかかるの?」

「七十万くらいです」

「いいわよ、貸してあげるから」

とお義母さんが言ってくれて、それで造れた。お給料が四万円の時代で、毎月少しずつ返していって。

坪井のおやじというのは、名古屋に坪井ヨットという、木の船を造る店主でね、腕利きの職人さんだったの。だけど一代でつぶれちゃって。プラスチックの船が主流になっちゃったから。とても気のいい人でね、そこで造ってからは、ますますヨットに夢中になり、娘たちが小学校に上がる頃には毎週日曜日、鬼崎のヨットハーバーまでヨットに乗るために十年通いましたからね。

お父さんは自分流でやってきたから、女房に世話をかけたって思っているらしいけど、私自身は酒屋のご新造になるための心得を、ねえや、酒蔵で働く人から「こうですよー、ああですよー」と、いつも聞かされて育ったから、べつになんとも思っていないんですよ。商売というものは女の人が中心になって、自分の責任で切り盛りしていかないと成り立たないと母の姿を見ていて思ったし。そういうものを小さいときから体にしみ込ませているから、サラリーマンと結婚しても、そういうものだと思っていた。

主人のことを第一に考えて、主人がよくなれば、まわりまわって自分もよくなる。そのために主人にはいいものを着せ、いいものを食べさせ、きちっとすればよくなっていくって。私は楽をしちゃったなと思います。商売の家に嫁いだら、そういうわけにはいかなかったでしょうから。

お父さんは気が弱くて、自分からこうしたいとは口には出さない人だった。お金を触らなくても、家計のことは、カンでわかるでしょ。もらえるお給料で、どういう暮らしをしているかっていうことで。だから、自分から何かを買うとか、そういうことは一切言わない人でした。お金がからむことは、こっちがポンと背中を押してあげないとだめって思っていたんですよ。

（二〇一六年一月）

自分が関係ないことなんかない

ほしいものはお金で買えて、便利になって、暮らしは豊かになったというけど、ほんとにそうかなと思う。見えないところで、失っていくものも多いと思うよ、便利になりすぎちゃうと。物があふれるほどあるけど、その中にどれだけ必要なものがあるのかしら。足りないもの、欠けているものがあるくらいがちょうどいいと思うの。考えたり、工夫したりするでしょ。

なんかヘンな世の中になっちゃいましたね。環境破壊はひどくなる一方だし、それと温暖化もこわいなと思う。みんなが家で使うガスとか電気の影響もすごいって聞くけど。

娘の住むマンションは床暖房なんですって。だから冬、ここに来ると寒いとふるえちゃって。冬でも夏みたいな格好して暮らしているでしょ、そんなの不自然よ。寒いときには、たくさん着込めばいいんでね。

私たち世代から見れば、いろいろなことが変わってきて、これからますます、世の中、どうなっていくんだろう、と思いますよ。地球の温度が一、二度上がったら大変なんでしょ。もっと一人一人が考えていかなきゃダメなんじゃない。経済も大事だけど、より切実な問題なわけで。

お父さんがよく言っていたけど、世の中のことで、自分に関係がないことなんか、ひとつもないと。政治だって、経済だって、直接自分が関わらなくても、一人一人が考えたり感じていないと、気づいたときには、大変なことにまき込まれてしまっているって。「手遅れ」ということにならないといいけど、あの太平洋戦争がそうでしたものね。

「無関心でいることが、いちばんこわいことなんだよ」と言っていました。

娘たちは東京で毎日忙しくして「ほんとうの暮らしじゃない」って言っていた。早くここで、ほんとうの暮らしをしたいって。地に足をつけた暮らしをしたほうがいいよね。仕事することは大事だけど、肝腎なのは、毎日の暮らしだからね。


（二〇一六年一月）

足るを知る

「どうしちゃったんですか？　貯金がぜんぜんないって」

娘が、お父さんの書類をつくるのに、相談に行った先の税理士さんが驚いちゃったんですって。収入はあるのに、お給料でも年金でも、うちは目いっぱい使ってきたから。

お父さんが現役で働いていた頃は、ヨットにつぎ込み、広島大学に赴任したときは毎週末、広島と高蔵寺を新幹線で行き来し、義母の住む東京にも行ったり来たり。「地球四周分、移動したよ」と言っていたから、交通費もそれなりよね、計算したことはないけど。でも、お金は必要なものに使ってこそと思って、貯めるという発想はないの。貯めて使わないほうが、私からすればもったいないなあと。それだからこの歳まで、やりくり、やりくりで。

今月ももう終わりでしょ。いつもいま頃になると通帳はからっぽ。来月、年金がもらえるまでお金はないの。娘が心配して、

「お母さん、通帳に一銭もないの？」

「ないわ」

「平気なの？」

「いままでそういうふうでやってきたから、ぜんぜん平気よ。ストックしてあるものを食べていれば、来月まで十分にもつ心づもりがあるから」

「それでやれる？」

「やれるわよ。この歳までこうやって生きてきたんだから」

年金が出ると必要な物をあらかじめ買って、支払いも先に全部すませちゃえば、通帳がからっぽになっても、さほど気にならないの。急な出費はカードで借りてしのぐときもありますけど。若いときも、「借りて返す」をよくやっていたでしょ。昔はカードなんてなかったから、生まれてはじめて質屋でお金を借りる前の晩は、心配で一睡もできなかったという思い出もあるくらいだもの。

家計は苦しいけど、お父さんに面とむかって「お金がありません」なんて言ったら、気が小さいから手も足も出なくなっちゃうのよ、あの人。お父さんが働いて得たお金だから、自分で使えばいいわというくらいに思うようにしたの。仕方ないと腹をくくって。だけど、ほんとに困ったなあと思ったのは、お父さんがフリーになって、そのための資金が十分になかったとき。自由に

やりたいほうでしょう。お金のことを考えてやるわけではないから。そのときはつらかった。

お父さんが逝って、これからは遺族年金でやりくりするわけだけど、もらえる額が少なくなっても計画的に使えるようになるから、その点、ずいぶん気が楽になりました。女がひとりで暮らすって、そんなにお金はいらないもの。

「お金は汚いもの、怖いもの」と言われて私は育ったから、いまだにお金はきたないという教えが頭のすみに残っているのね。だからお金をたくさん持ったとしても、うれしい感覚にはならない。ないと困るけど、お金を持ったから豊かになれると思わない。豊かさなんてそんなもんじゃないと思うから。

考えてみると、半田の実家では、何でもツケで買っていたでしょ。帳面につけてもらって支払いは月末。箱階段の下に、真っ黒の金庫があったのは知っているけど、目の前でお金のやりとりを見たことはないし、お金はどこにあるんだろうって思ってた。「英ちゃんちは、お金持ち」とよく人から言われるけど、そうなのかなって、わからなかった。お財布も、女学校に通うまで私は持たなかったし。学校の帰り、みんながお店でお菓子を買って食べたりしていたけど、私はお金を使ったこともなかったの。駄菓子屋のお菓子に魅かれもしたけど。

「お金は心を貧しくするから、大事に使わないといけない」そういうふうに言われて育ったことも、執着しないということにつながったかもしれないわね。それと、「お金は何にでも変えられるから万能だ」と言われていたけど、戦中戦後、ただの紙切れ同然になったでしょ。そんな体験をして、お金がなくても、まあ、なんとかなるわっというくらいの気持ちでいられるのかもしれない。お父さんも、お金というものに執着がなかったから、ぼんぼんやれちゃったんだと思う。

不思議なもので、お金は貯めると、どんどん貯めたくなるのね。もっと、もっとと。足るを知るということがない。でも、お金がないとそんな気持ちとは無縁、自由でいられるんですよ。

娘たちは、貯める主義。私が、お金はいらないと言うと「えっ、お母さん、お金いらないの」と不思議がられて。孫のはなこもそう。先行き不安な時代ですものね、備えたくもなるわね。私たちは、未来はよくなると信じて、そうなってきた時代だったからよかったけど。

この間、春日井市から八十八歳のお祝い金一万円、もらえたんですよ。そういうお金は、自分で使う気にはなれない。働かず、人からもらったお金でしょ。だからはなこにあげようと思って。手渡しじゃなく、はなこの通帳に入れておいてあげて。若い人はお金が必要ですからね。

以前、お父さんが作品を応募して入賞した賞金とかも、娘たちに分けました。棚ボタのように外から入ってきたお金は、みんなに分けて難を逃れたほうがいいから。ひとり占めして自分で使ったらだめ。そういうことがやっぱり、まわりまわって、自分たちがよくなるんだと思うの。


そうそう、お父さんが、こんなことを言っていた。

「お金よりも大事なものはたくさんある、そういう風に感じられる人間が、底辺にたくさんいると、世の中は変わっていくんじゃないかな」と。同感ね。トップにいるような人間は、それがわからないんだから、庶民の人たちがそう思わないと、だめだと思うんですよ。


（二〇一五年十一月）

毎日アイロンをかけて

テーブルクロスは毎日とり替えます。午前と午後で替えるときもあるし。歳をとると、自分がしょぼくれてくるから、まわりを華やかに、きれいにしようと思って。

晩年、洗濯はお父さんが一手に引き受けてやってくれていたから、「遠慮なく、洗濯ものを出すね」って笑っていたけど。洗濯していると、布の風合いがいい感じになってくるのがいいの。こういう日常の暮らしのものは、使えば使うほど愛着がわいて、家事の楽しさにつながっていくから。

結婚した当初から、食卓にクロスをかけていました。私、結婚する前にアメリカ人のハウスで一年間メイドとして働いていた時期があったの。そこではテーブルクロスを毎日替えて、そんな洋式の暮らしを真近に見ていたことも影響しているかもしれないわね。

戦後、日本は敗れて、大きな建物やなんかアメリカの進駐軍に接収されたでしょ。私がメイドとして働いたハウスも接収された日本家屋のお屋敷で、専任の庭師のほかに、男の人、女の人の四人が働いていていて。私のおもな仕事は、午前中は掃除、洗濯、アイロンがけ。午後は銀器拭き。アイロンはテーブルクロスやナプキン、衣類は下着にまでアイロンをかけていたから驚いて。でも、そういう暮らしを見ていると、それがあたりまえになってくるのね。私は下着はアイロンをかけないけど、日常で着るものにはかけます。いまも、ほぼ毎日。毎日かけなくてもいいけど、たまっていくでしょ。おっくうにもなるし、大変にならないよう、毎日かけるのを習慣にしているの。

テーブルクロスみたいに大きいものは広げず、四つくらいに折ってアイロンをかけていきます。表の部分をかけたらひっくり返して、かけていない面を順番にかけていくの。

年代物の重いアイロンだからシワがよくのびる。四十年以上前に、お義母さんからいただいて、ずっとこれを。アメリカ製で、昔のものだから霧吹きの機能も何もないの。娘は霧吹きを使いますけど、私は手水で布を湿らせるの。作業する一時間くらい前に、水を張ったボウルに手をつけて、パッパッと全体にふって。もう長年、このやり方できたから、「お母さん、霧吹きを使えば簡単よ」と、すすめられるけど、いまさら変えられないわよ。

布が均一に湿ったところでアイロンをかけると、すっと伸びていくから作業がしやすい。それでアイロンをかけたらすぐにはしまわず、たたんで、ひと晩置いて乾かすと、ぱりっと仕上がるの。

このアイロン台に敷いているタオルは、お父さんの手づくりでね、このほうが作業しやすいんじゃないかって、手縫いで製作してくれて。ヨットの帆も修理していたから、針仕事も器用にこなして、ズボンのすそ上げなんかも、私に頼まず、自分でやることがありましたね。

（二〇一六年六月）

ときはありがたい

お父さんが逝ってからのこの六か月、みなさんがよく来てくださったから、ほんとうに助かったと思っています。いままで私はお父さんにずっと依存してきたでしょ。だから、不安だったの。ひとり暮らしって、むなしいのね。さびしいんじゃなくて、むなしい。何をやっても。一人でどう生きようかなって。一人で生きる自信もそんなにないし、と思っていた。

だから、時って、ほんとにありがたいですよ。どんどん、そういう迷いや不安も薄れてきて。お客さんがいらして、次の日、一人になると、一人でやりたいことをやる、そういうことが少し楽しいような感じがすると思うようにもなってきたの。やりたいことも出てきて。もっと余裕が出てきたら、刺繍をまたはじめたいと思っています。

娘が「私たちはまだこっちの家に住めないから、とにかく、お母さんひとりで、あと三、四年がんばってくれないと困る」と笑って。それでも二人とも心配して、よく来てくれますからね。旦那さんをおいて、おうちのこともあるから、大丈夫よと言っているの。娘がここへ来て、困ることはないけど、家のことは一切やらないで、と言ってある。自分が、だんだんやれなくなると困るから。

(二〇一六年一月)

桃源

2章　心の糧になるもの

きょうは散髪！——英子

きょうはしゅうタンの髪を切ろうと思っているの。「お店でやってもらったほうがいいわよ」と言うんだけど、嫌なんだって。

新聞紙を床に敷いて、そこに座ってもらって。タオルを首に巻いて、髪とかして、切ってくだけ。手鏡？　いらないっていうから。目をつぶって、終わるのをじっと待って。そんなたいしたことないんじゃない、髪を切るのなんて。

《髪の毛をとかす》

この櫛は、昔から私が毎朝使っているの。柘植《つげ》だから一生ものね。

《ジョキジョキ、ジョキジョキ》

もう少し下に……前かがみじゃなく、頭を下げてください。はい、そうです。

《ジョキジョキ、ジョキジョキ》

私も世間話をしない家庭に育ったけど、しゅうタンのように、あんなしゃべらないということはないわね。みなさんが来ると、よくしゃべるでしょ、私。だから、しゃべりすぎだって、しゅうタンが言う。でも、娘とは、しゅうタン、よく話をしていますよ。B型どうし、気があうんじゃないかしら。Z旗を揚げると元気が出るとか、そういうことを。

《ジョキジョキ、ジョキジョキ》

ほんとは、私も髪をばっさり切りたいんだけど、そのために美容院に行かないといけないから。髪を染めたり、パーマネントをあてたこともないの。髪に何かをつけたりするでしょ、あれがどうも苦手。

化粧品のたぐいも一切つけない。ハンドクリームもベタベタしそうで嫌だし、そのまんま。しゅうタンはカサカサするって、冬になるとクリームとかをつけるけど。あまり過保護にしすぎるのも、よくないんじゃないかしら。長年こうやって生きてきて、手が荒れるってこともないの。身支度で使うのは、石けんひとつ。体も髪も、同じ石けんで洗っておしまい。若いときからずうっとそうで。ほんと、お金かけていないのよ。私みたいな人間ばかりだと、経済がまわっていかないわねえ。アハハッ。……でも案外、みんな商売にのせられているんじゃない？　テレビをつけると　化粧品のコマーシャルをよくやっていますものね。

《ジョキジョキ、ジョキジョキ》

さあ、これで全部切り揃えましたよ。あとは髪の毛をはらって終わり。さっぱりした？　そう、よかった。アハハッ。これですんじゃうからね、うちは。

（二〇一四年一二月）

しゅういちのつぶやき

東京で仕事をしていたときは、霞が関ビルの十一階に床屋さんがあって、よくそこで。名古屋では松坂屋デパートに入っていた床屋さん。こうやって英子さんに切ってもらうようになって、十年以上たつでしょうね。英子さんは自分で切るんでしょうねえ…、切るのを見たことはありませんけど。

夫婦なかよしの秘訣 ―― しゅういち

歳をとると体力は落ちてくるし、力も弱ってくるでしょ、どうしても。

その衰えを感じさせないよう、バケツやスコップなどの道具類を、小さいサイズのものに変えていったり、鍬や鎌などは刃先を小さくするなどして、体への負担が軽くなるような工夫をすれば、いいんじゃないかって考えています。老いたら老いたなりに、道具とうまくつきあっていく。

体力があった頃と比較しないことですよ。素直に受け入れる。それで、できるだけ自分も、まわりも楽しくなるようなことを頭の中で考えていると、毎日、飽きることなんてないです。

庭の雑木の枝を切って、その切り落とした枝が細く手になじみやすい太さなら、それを道具の柄に仕立てて持ちやすくしてみるとか。あるいはそれを使ってスコップの柄として長くするとか。

英子さんのように小さな力でも、あまり体に負担を感じず、仕事がはかどるようにするにはどうしたらいいかって、いろいろやっています。僕はなんでも英子さんが使いやすいような道具をつくってはプレゼントしているんですよ。いつもキッチンガーデンで育てた野菜を、上手に料理して僕に食べさせてくれますからね。

それとうちではコミュニケーションボードをつくっておいて、英子さんが、こういうことをしてほしいということがあると〈しゅういちさん、お願い〉の札を立てておくんです。僕がそれを見つけたら、時間のあるときや、気持ちが向いたときに作業をして、終わると〈できたよ〉の札を立てておく。直接、口で言われるより、このほうがいいですよ。

夫婦仲良しの秘訣は、ほどよいすき間があることだと思っていますから。あれをやってください、すぐにそれをやります、というんじゃなくてね。旗を立てて返事をする、そういう幅が大事ですねえ。長年、長い時間を共にしていると、とくにね。

（二〇一四年　八月）

英子のつぶやき

相談なんか何もなくて、知らない間にどんどん。とにかく私のやりやすいように考えてやってくれて。包丁を研いだり、まな板を削ったり、畑で使う道具も使いやすいように改良してくれて、ありがたいです。ときには、そこまでしなくてもいいのに…と思うこともあるけど、口には出しません。

何をやっているかも、聞かない。いま、たぶん、しゅうタンは外で作業中ですよ。台風で垣根を覆っていたバラの枝がすごいことになっちゃったから。知らない間に、畑の草むしりをしてくれたり、荒起こしをしたり、私に都合がいいよう、作業しやすいよう、やってくれるから、ほんとありがたい。私の、やりっぱなしをフォローしてくれて。

弱虫がいい ―― しゅういち

僕はほんとに弱虫で、大学では建築学部を出ましたけど、ほんとはサバイバル学部だったと思っているんですよ。その弱虫の僕は、どうしたら生きられるかなというのを徹底的に教えられ、その後の僕の人生においての基本的な考えになり、生きる力になりました。なにしろ何度もヨットで遭難し、そのたびに生還してきましたから。

戦後、外洋帆走協会という、外の海に出ていく、ひとつのクラブができたんです。そのクラブ主催の最初の大会が大島レースで、伊豆大島をぐるりとひと回りして、逗子海岸に帰ってくるというものでした。

そのレースに僕は参加し、途中から大暴風になり、耐えきれず船に横たわって動くこともできず、いわばマグロのようにゴロッと転がったままの状態。すると一人の若いクルーが『われは海の子』を歌いはじめまして、遭難しないよう船を操縦してくれたんです。僕にとってはじめてのレースで、そんなことを体験し、とにかく海の上では生きて帰ることを一番に考えないといけない、と教えられました。

それからも何度かあぶない目に遭ってきましたが、こうやって生きて帰っているでしょ。だから僕は特別に、「あなたは死んではいけません」と、神様がのり移っているように感じて、弱虫だけど自信をもって生きられるようになりました。

我が身が危なくなると「神様！」と言うでしょ、ふつうは。僕は「英子さーん！」とつぶやく。昨年、タヒチの海でも、シケ続きのたいへんな航海で、「英子さーん！」とつぶやいて助けてもらったんですよ、じつは。

僕は「風の男」と言われてきました。風が吹いていないと元気がない。いっぽう、英子さんは「土の女の子」で風が嫌い。まるで正反対の男の子と女の子が一緒になって結婚して、そのチームワークは、素晴らしいことになった。僕らに共通しているのは弱虫です。

人間はね、強くなればなるほど、その考えを忘れてしまうのか、傲慢になっていく。世の中で生き残れるのは、じつは弱い人間なんだと思います。

八十九と八十六、僕たちは合わせて一七五歳ですけども、彼女が生きてくれれば、二人合わせて二〇〇歳はもうちょっとです。

僕も英子さんも、戦争体験や海での遭難とかで何度も死線を超えた体験をしてきました。そういう厳しさをのり超えていくと、それが、生きる自信につながってくる。ピンチのとき、力が湧いてくるんですね。

そういうことを考えると、子どもたちにも、そういう体験は必要ですね。何かのとき、切り抜けられる力になると思います。それがないからとても弱くて、自殺なんかを考えてしまうのかもしれませんね。

ぬくぬくと居心地のよいなかで生きるだけでなく、ときには生死を間近に感じるような体験も必要なんだと思います。

（二〇一四年八月）

英子のつぶやき

しゅうタンの強さは、いままで経験してきたことへの強さだと思いますよ。若い頃、とにかく〝春一番〟の連続で「どこに吹いていくのか、わからなかった」ほど、仕事とヨットにあけくれていました。

庶民派育ち —— しゅういち

僕はね、小学生のとき、ロビンフッド物語を読んで感激しちゃって、青いチョッキを買ってもらって喜んでいたんですよ。それで友だちと〝ロビンフッドごっこ〟なんかをやって、そりゃあ楽しかったですねえ。

当時の一クラスは五十人もいて、くず屋のたけちゃん、豆腐屋のけんちゃん、いろいろな社会の子たちと一緒に過ごした原体験があってよかったと思っています。あのー、たとえば筑波学園都市にはエリートの人たちが集まっているわけでしょ。そんななかで育つ子どもたちというのは、どうなんでしょうね。

なぜこんなことを言うのかって思うかもしれませんけど、僕は東大に入ってみて、東京育ちで府立一中、一高、東大というコースを進んできた人たちが、当時たくさんいたことを知りまして。僕は庶民派育ちでしょ、だから、それがとても気にさわりましてね。

その人たちは、自分の通ってきたエリートコースそのものを守ろうとする気持ちが非常に強いんですよ。知らず知らずのうちに彼らは、ふつうの人とは違う根っからの特権意識を持っている。そうでない人もいますが、でもエリートで育つと、人間的に半端になっちゃうんだなあと感じていました。

だから一緒に建築科で学んでいても、そのグループとはどうも反りがあわず、研究室もだぶらないようになっていきました。山口高校からきた杉浦君という子はいつも紋つき袴姿で、一族で暮らしてきたという家の出で、いつも級長をしてトップで東大に入ったんですが、その一高を出た東京グループとは行動を異ならせていました。

僕は戦争で命びろいをして生き延び、戦後、高等工業専門学校から東大を受験して入ったんです。一面焼け野原の東京に戻り、戦後復興の仕事はこれだと思い、東大の工学部をめざした。

通常だと高等商業、高等工業というところは、専門コースなので大学の受験資格はないんです。しかし、それを許されたのが昭和二十一年と二十二年で、二十一年に東京工業大を受けて合格したものの、トラブルがあって入学ができず、翌年、東大を受けて入りました。その入学した年に学制改革があり、東京帝国大学から東京大学に変わりました。

もしも一年早く生まれていたら、予備学生として学徒出陣で戦地に向かうことになったかもしれません。僕が高等学校二年のとき、学徒出陣の初めての儀式が明治神宮で行われ、それが〈きけわだつみのこえ〉第一回のグループだったんです。

高等工業の同級生の中には、五人乗りの潜水艦の後ろに乗って出撃したも人もいます。幸いにも彼は助かり、北大の物理を出てＮＨＫに勤めました。もう一人、仲のよかった友人は東京工大の物理に進み、社会人になってからもずうっとつきあっていましたけど。

僕はいろんなことへのチャンスや経験があって、生き延びることができた人間です。東京育ちの一高、東大出のエリートだった多くは亡くなっていますが、だからこそ僕は簡単には死ねないなあと。なんとなくしぶとく生きちゃう。反骨精神がそうさせるのか。不思議なもので、苦労したものほど生き残っている感じですよ。

当時、教授がよくこんな話をしていました。

東大に入るまでの東大生と、東大を出てからの東大生がいる。東大に入るための東大生というのは、大学を出てから東大の肩書だけで生きている人間。それで世間を渡り歩くわけです。本当の東大生というのは、大学を出てから東大生らしい独自の道を歩いた人たちで、君たちはそういう人間になってくれと。

たしかに東大に入ったというだけで勉強もせず、肩書だけで生きてきた人を、僕もずいぶん見てきました。でも、曲折を経た人たちというのは、人間としての深みがあって魅力的ですね。すんなりと送ってきた人たちよりも、そういう人たちのほうがね……。

（二〇一四年四月）

ハンコの思い出 ―― しゅういち

僕が海軍に志願して入ったのは、とにかく自分がどこかに行かないといけなかったからです。一般か、陸軍か、海軍のどれか、いわゆる弱虫の選択で。

当時、僕は陸軍に対し、あまりいいイメージを抱いていませんでした。階層社会で軍隊は成り立ち、なんだか、いばりちらしているような感じ。だから自分は、海軍の試験を受けようと思いましてね。

海軍には予備学生と技術系見習いの二つのコースがあって、どちらも受けて合格しました。予備学生の方へ進んだ人は、土浦の海軍航空隊にいきなり入隊することになり、半数以上の人は死んでいます。飛行機に乗って特攻か、潜水艦に乗って特攻かでしたから。

僕は、そんなことで命を粗末にしたくないのと、飛行機をつくる工場で働きたいという希望があったので、技術系を選んで浜中海兵団に入隊し、召命服務命令で厚木の高座海軍工廠に移りました。選択の余地はないです、命令ですから。

軍隊についてちょっと説明すると、士官、下士官、兵という階層社会で、士官は将校相当の官で特権階級なんですよ。候補生のときからすでに身の周りのことは従兵がつき、世話をすべてやってもらう。食べるものから着るものまで特別。僕はそれが嫌で、陸軍より、海軍はもう少しスマートなんじゃないかと勝手に想像していたんですが、海軍も同じ階層社会でした。白い制服を着て短剣を下げている人と、下士官兵とではぜんぜん違うんですよ。

僕は高座海軍工廠の士官宿舎に入ると特別待遇の食事を与えられ、肉とか卵を口にできました。国民の税金で維持されている軍隊そのものの中に入ってみると、じつは私物化されていたわけです。命を粗末にしたくなくて僕は権力側の組織に入りましたけど、その組織のなかで、せめて人とは違う生き方はないかって考えましてね。

当時、厚木の高座海軍工廠では台湾から一万人の少年兵を連れてきて、働かせていたんです。日本の青年男子の多くが戦場に動員され、国内の労働不足を確保するために。それで僕は、台湾の人たちの工員宿舎の監督指導責任担当になったので、そこで彼らと一緒に暮らすということを申し出て、一万人宿舎の棟の二階に移り、彼らと寝泊まりをはじめました。

士官宿舎に入っている連中は白い服を着てかっこよくやっていましたけど、僕はそのまんま。食事も少年らと同じものを一緒のテーブルで食べて。空腹が満たされる程度の粗末なもので、士官が食べているものとは比べものにならないほどだったですよ。

唯一の楽しみは、夜の自由時間。短い時間、ピンポンなんかで一緒に遊んだりしました。だけど、彼らはまだ十代でしたから、さびしくなるんでしょうね、「台湾軍の唄」という唄をよく口ずさみ、僕も一緒に歌うようになりました。その唄は公式の文書には残っていないんですよ。太平洋の空の下輝く十字星、黒潮しぶく椰子の島……なんていう、やわらかい調子の唄で、最後は台湾軍のフレーズでおわるという。

終戦までの約一年間をそこで生活し、彼らとも仲良くなり、陳清順君という少年が、僕のハンコをつくってくれたんです。手先がとても器用でね、〝津端〟ときれいな字を彫ってくれました。

やがて敗戦になって彼らは祖国に帰国し、僕はそのハンコを大事に使うことにしました。生きることに必死で、たいへんな時代でしたけど、とてもいい思い出を彼らからもらいました。

いまから五年前の夏、高座海軍工廠で働いていた台湾の少年工だった人たちが、再来日する会がありまして、もしかしたらハンコをつくってくれた少年、陳君とも再会できるかもしれないと、僕はいそいそと出かけて行ったんです。そのハンコも持参して。でも、彼はいませんでした。若くして亡くなったとその場で聞きました。

じつは敗戦になってからの台湾は、中国本土からやって来た役人が台湾の国会の九十%を牛耳るようになり、しかもそれが永久議員で、台湾の人にぜんぜん発言させなかったんです。それをきっかけに自由台湾の地下運動がはじまり、陳君は台湾に帰って警察に入ったんですが、警官として地下運動に関わっていたという理由から銃殺されたそうです。同胞たちも捕まった人はいたけれど処刑はされず、恩赦で出ている。彼だけがどうして、と思うんですけど。彼は一本気でしたからね……。

あれから六十年以上たちますが、当時一緒に生活を共にした台湾の友達とは、いまもつながっているわけなんです。

（二〇一三年四月）

英子のつぶやき

ふだんあまりしゃべらないけど、ときどき昔の話が出てくることがあるの。戦時中のこととか。しゅうタンは当時、海軍の航空機をつくる工場で、台湾の少年兵と一緒に働いていて、そのなかの一人が、〈津端〉というハンコを彫ってプレゼントしてくれたんですって。

結婚して「これを使って」と、そのハンコを渡されましてね。以来、銀行印として五十年使わせてもらいました。長こと使いすぎて外側が少しだけ欠けてしまい、「新しいものに変えてください」と銀行から言われて、取り替えたんですよ。

それでいつかこのハンコを、その彼にお礼を言いながらお返ししたいと言っていたんですよね。それが今年の夏、台湾に行く機会に恵まれて、当時の仲間に会い、そのハンコをつくってくれた少年、陳さんのお墓参りにも行くことができて、そのお墓のそばにハンコを埋めてきたんです。ほんとは身内の方にお返しできれば一番いいと思っていたんですけど。

陳さんが亡くなったことは五年前にその会で知り、ショックを受けていました。

それでも五十七年後、彼のお墓の前で再会できて。彼らがよく歌っていたという唄を、しゅうタンが自然に歌いはじめて。しゅうタンが泣く姿をはじめて見て、私も、もらい泣き。思いもかけず、そんな形でハンコをお返しすることができて、私もなんだかひと安心しました。ずうっと長いこと持っていて、やっとふんぎりがついたと言ってね。

（二〇一四年十月）

親父のこと その1 ——しゅういち

生きもののなかで、三世代が一緒に暮らせるのは人間くらい。それが、ほかの生きものにはない、豊かな生活史をつくりあげてきたという説があって、僕も同感です。

三世代一緒というのがむずかしいのなら、せめて親の背中を子どもが見て暮らせるようになるといいですねえ。親から伝わることって、やっぱりあるからねえ。

僕の親父は晩年、いつもカードに歌を書いていました。明治、大正、昭和の時代の短歌分類辞典をつくるためで、六十万枚くらい、そのカードはあったと思います。

そんな本をつくるのに、既成の出版社からではなく、自分で調べて原稿をつくり、印刷も自分でやって本を出しました。裕福だったとかじゃなく、貧乏の中で好きなことを最後までやって生きた人ですよ、いま思うと。全六十巻、国会図書館に所蔵されていると、見にいった娘が言っていました。英子さんは「お義父さんって、どれだけ意志の強い人なんだろうと思う」って。

元気な人だったと思います。いや、だから元気でいられたんでしょうね。

その前は、海商社という会社をつくり、日本の商社が海外からいろんなものを運んだ記録を、自分で調べて書いて、印刷までして海運年鑑をつくり、商売していました。家の庭、五坪、二十畳くらいのところにコンクリートの基礎を打った小屋を建て、そこが親父の作業部屋で。

僕も小学校五、六年の頃から、その手伝いをしましてね。文選といって、原稿に従って鉛でできた活字をひとつずつ集めていく仕事です。足りない活字があると、自転車にまたがって中野から新宿まで買いに走る。当時、秋山活字店という店が新宿の伊勢丹百貨店の並びにあって、必要な活字を書いたメモを店員に渡すと、さっと揃えてくれて。

文選した活字は、職人さんがどんどんページに組み上げて、手差しの輪転機で一枚一枚紙を送って印刷し、最後の仕上げとなる製本は、業者に頼んでいました。そうやってオリジナルな海洋年鑑を出していたわけですけど。

そのあと、神田のほうに出て町工場を造り、封筒や便せんなんかを印刷していたみたいです。ここは海洋手工業会社と名付けて。とくに海が好きとか、船乗りでもない男なのになぜだか……。海運年鑑を出していたときの本の名前は〈イソラベラ社〉、美しい島という意味のイタリア語ですけど、親父のどこからそういう言葉が出てきたのかわからない。何か目には見えない感性のようなものが通じたのか、彼のまわりにはいろいろと助言してくれる人がいたみたいです。お酒はぜんぜん飲みませんでした。

考えてみると、不思議なことだなって。親父はいつもごちゃごちゃと文字を書いて、短歌の分類なんかをしていたでしょう。なんか僕も似たようなことをやっている。意識もしてないのに、僕の血の中にそういうものが入っているのか。

親父がやりたいことをやっていたから、うちはとにかく貧乏で、おばあちゃんがよく僕の面倒を見てくれました。

三世代が一緒に住んで、おじいちゃん、おばあちゃんの生きざまが、子どもや孫に伝わることは大事なことですね。いまのように会社の都合で単身赴任をさせられ、家族が解体させられ、父親はどこかに行っている。ぜんぜん見えない透明人間だなんて、子どもが作文を書くようじゃ、やっぱりゆがんだ社会になってしまいます。

そういう意味でね、大正時代の生まれの人が書くものは、なにか時代の古めかしさというもの以上に、家族の影がしっかりと見えてきますね。幸田文、露伴がその典型でね。沢村貞子さんとかもそうだし。

この歳になって僕が体調をくずしたことで、娘たちと話をする時間ができました。まあ、それもよかったのか。親父もそんなに長くないなあと、心配してくるようになったんでしょうね。

今年は雨が多かったせいか、急に冷えて、雑木林のもみじの紅葉が、すごいきれいでねえ。

（二〇一四年十一月）

英子のつぶやき

三世代、大勢で一緒に暮らしたほうがいいですよね。わずらわしいし、大変なことも多いけど、大家族で暮らしている人は、うらやましいと私なんかは思います。父母の記憶はあまりないけど、ねえやや酒蔵で働く人、職人さん、多くの人から声をかけてもらいながら、私は育てられましたからね。小さいときのことって、ほんと大事だと思うから。

親父のこと　その2　――しゅういち

じつをいうと、僕は親父とはあまり仲がよくなかったから、「しゃべる」っていうことはあまりなかったんですよ。
そんな親父が残したものは、ひとつの詩です。これは堀口大学さんが「つばたさんへ」と父にプレゼントしてくれたもので、こんな詩です。

この道は長い道です。
まっすぐな細い道です。
曲がらない長い道です。
どこまでも続く道です。
津端さん　あなたの道です。
あなただけ　たった独りが
とぼとぼと辿る道です。
いつまでも　どこまでも続く道です。
死ぬまでの道です。
死んでもなお続く道です。

いつまでも　どこまでも
足跡の残る道です。

十二連からなる詩でね、これが親父から譲り受けた唯一の財産。いつでも目に入るよう、はなこさんに墨で書いてもらって、そこの壁にかけているんですよ。親父が手がけた短歌全集の第九巻のはじめにとして、堀口大学さんが書いてくださったもので、一巻、二巻の序文は佐々木信綱さんが書いてくださり、学歴もない親父が、よくそんなつきあいがあったものだなと思います。

なんでも一人で最後までやろうとする思いが強く、好きなことを最後までよくやったと思います。どこまでも、どこまでも、自分の道をひとり、歩き続けたわけで。

公団時代、僕は夕方五時になると仕事を切り上げ、六時には家にいました。集団のなかにいると居心地がいい、という感覚はまるでなくて。徒党は組まない、企業や上司の言いなりにはならない、それくらい自己主張をできるような強さを一人一人が持たないと、簡単に流されてしまうと思いますよ。自分だけの道を歩ける強さを身につけていくべきです。

（二〇一四年十二月）

タヒチへ——しゅういち

八十八歳になった新春、タヒチに旅してきました。米寿のヨットクルージング。「人生の最後に青春がきたらなあ」がホントになりました。「人間には行方不明の時間が必要です」と言ったのは詩人の茨木のりこさんでしたけど、だからひとり旅で、ゆっくり。

ここまでは、忙しい現代も追いかけてこないでしょうと思ったんですがね……。

十年ぶりのタヒチだったから、ワクワクしましたよ。風景はあまり変わっていなかったけど、人間の暮らしが変わっていました。お金でなんでも買える便利さで、とくに食べものがね。

クルーザに乗って島々をめぐったんですけど、船の中の食事が日本のデパ地下支配のようにレトルトになっちゃって。調理されているものを集めてきて、それを器に移して出す、みたいな感じでした。前回行ったときは、船の上でにんじんでも、キャベツでも切って、それを調理して出してくれました。あきらかに個人がつくって食べる機会が減っている。世界中がそうですものね。シケ続きということもあって、なんだか食欲もなく、水ばかり飲んでいました。

僕が乗った船は、見た目は素晴らしく立派ですが、外側はプラスチック材、中は薄いベニヤ板で造られたような感じ。それで風が吹けば、ヨットは傾くものだけど、常に水平を保っている。すごい技術の進歩かもしれませんけど、傾かないものを造っちゃって、これはヨットじゃないと思っちゃって……。風をとらえ、自分の感覚で操っていたでしょ。そういう意味でオールドシーマンが懐かしがるような海の風景というのは、なくなってきちゃったなあと思いました。

それと携帯電話で、いまどこどこを出ました、何時の到着予定で行きますと。時間どおり、スケジュールどおり。島に到着したら観光タクシーに乗って名所を観光し、着々と予定をこなしていく。その日の海の状態や、風待ちで出航を見合わせることもなく、乗せられている感じがしました。

それでもタヒチがいいという人もいるけど、一万二千キロも飛んで行って、なんのための旅かわからないなあというのが僕の正直な感想で。かえって沖縄くらいに行っているほうがよかったんじゃないかって、僕の中で拒否反応が起きていました。以前のようなワクワク感、ドキドキ感などもなくて。そんな複雑な感情のなか、タヒチで昔の仲間に再会できたことは、やっぱりうれしかったですよ。むこうも驚いていました、こんなおじいちゃんが一人で来たって。

あと、バナナの葉で帽子を編んでもらったことも、喜びですね。頭の寸法を測って、器用に手早く編んでくれて。こういう素朴な手仕事がまだ残っていて、ほっとしました。英子さんの分も編んでもらって、大事に抱えて帰ってきました。十年前のバナナハットはもうボロボロでしょ。この新しいバナナハットをかぶって、二人でまた畑仕事をやろうと思って。最高のお土産ですよ。

歳をとっての一人旅はやはり予想以上に疲れましたけど、さわやかな達成感と、心の満足がありました。八十八歳、生きていて、よかったなあと。

（二〇一三年四月）

英子のつぶやき

しゅータンがタヒチからげっそり痩せて帰ってきたでしょ。あんなフラフラのときなんて見たことがないからびっくりしちゃって。はなこに「八十八歳で、一人で船に乗せるなんて無謀だよ!」って怒られちゃった。本人が行くと言っているから、私も止めることはしなかったの。……でも、まあ無事帰ってきたから、八十八で行ったという自信にはつながりますよね。大変な旅だったけど、行けてよかったと思うときがくると思うのよ。

ホモ・ハンドレッド ―― しゅういち

先日、韓国のメディアが取材にいらして、テーマは『人生の振子…… 引退後八万時間』、引退後にはじまる、本当の人生物語ですって。意識が高いですよ。引退は終わりでなく、はじまりであるということで、僕たちの暮らしに興味をもたれたみたいです。さしずめ、いまの時代を生きるジイジとバアバ、二〇一三年の挑戦とでもいったらいいのか。

国連が世界人口高齢化の報告書を発表したんです。「ホモ・ハンドレッド」といって、二〇二五年から二〇五〇年の間、一〇〇歳まで生きることを意味するという用語です。平均寿命が一〇〇歳以上になる高齢化社会。これによって引退革命時代が到来すると。一〇〇歳まで生きるとして、六十歳で定年。あと四十年以上の人生は遊んで暮らせというのは、社会のシステム事態がおかしいものね。

みんな、今のことしか考えていませんよね。政治家や役人がその最たるもので。みんなが長生きするようになって、どうするか。豊かな老後というけれど、お金を持っていてもだめですからね。うちは貯金はないけど、畑と雑木林があるから、二人が健康でなんとか食べていけます。社会保障制度が限界をむかえ、年金にも限りがあります。

ある詩人が、昔の男たちは握手するとごっつい手だったのに、戦後の何十年の間になんでこんなにやわらかい手になったんだろうと言っています。昔のお百姓さんはみんなで働いて一反の田んぼで作物をつくり、三世代同居の暮らしを支えました。いまは九十％以上がサラリーマンという世の中になって、自分の肉体を使って働いて、自分の命を支えているという実感をなくしてしまっていますね。貨幣経済になってしまったから。

社会的底辺にある庶民が、自分の力で自分を支えているという感覚をなくしたら、大変なことになると思います。

お年寄りばかりになって、これから日本社会はどうすればいいのかっていわれていますけど、僕は、年寄りが元気になればいいと思っています。そのためには、自分の生きがいをもつこと。それには自分で働くことが大事です。お金を稼ぐということではなく、孫の世話でもいいし、キッチンガーデンで野菜をつくるなど環境の中で循環系をつくってしまえば、自分が健康になって、まわりも健康になる。それが人間にとって幸せなことであり、素晴らしいことだと思うんですよ。

サラリーマンが、ハッピーリタイアメントとかいうけどね、六十代で仕事を離されちゃって、残りの人生で何をやっていくか。好きなことがなかったら、健康で生きられませんよ。

これからの若い人はどう考えるんでしょうか……。十年先が見えないのに、一〇〇年先の話なんかできないし……。

（二〇一四年四月）

八十八歳、ひとり旅　――英子

タヒチへのひとり旅は、荷物を背負うだけ背負って行きましたから。その意気込みは、すごかったですよ。たいへんでも、「やらなきゃ！」っていうことじゃないかしら。やって、ひとつ山を越えれば、次がまた開けるっていう。

十年ぶりのタヒチでしたから、自分で旅行会社から資料を取り寄せて、計画をしましてね。荷造りも早々とすませて。針や糸、ヨットで使う修理の道具を詰め、むこうでみんなと会ったら見せる資料とかもいっぱい用意して。

しゅうタン、東京に行くときでも、両手に資料いっぱいなのよ。持っていないと落ち着かない。手ぶらで行くことのほうが、むしろストレスになっちゃうんだと思うの。でも、今回はさすがに荷物が重くなり、結局、最後はそういうもの全部置いて、身軽で出かけて行きました。若い頃とは体力も違いますから。

ほんとに、よく行きましたよ。私はひとりじゃ行けないもの。

八十八歳にもなったら、よっぽど奮起しないと行けないと思うのね。本人はそれほど意識はしていないかもしれないけれど、十年以上のブランクがあるでしょ。一年おきにでも行っていたら、ハードルもそう高くならず、気軽に行けたのかなとも思ったけど、そこは年金暮らしの身ですから。歳をとってのひとり旅ですから、やっぱり、いろいろなプレッシャーもあって、不安もあったように思うの。だんだん出発の日が近づいてきたら、口数も少なくなっていったから。

「母さん、ゆっくり海を見て、ゆっくり寝て、行ってくればいいんだよね」

「うん、それがいちばんいいんじゃない」

と、最後に語って。いまごろ、青い海を眺めて、ぼおっとしているんじゃないかな……。家にいると、こまごまとやりたいことがいっぱいあるからね。昔、家族で毎週末ヨットに乗っていたときも、船の上では、ただ、ぼおっとしていましたよ。そういう時間が必要だったのね。

今回、行けてよかった。これで自信がつくじゃない。なかなか、九十の坂を越せないっていうし。はなこが大学を卒業するまでは、しゅうタンに生きてもらわないといけないから、頑張ってもらってね。

タヒチはいま雨季なんですって。でも、むこうはザアーと雨が降って、すぐにやむそうよ。いつも暮れとか、お正月すぎに行くことが多かったの。南半球だから季節が逆で、むこうは夏でしょ、どうですかねえ……。娘が日焼け止めを買って持たせてくれたけど、塗ったかしら。

月曜日には帰ってくるから、日曜日にお布団は干して、ふかふかにしておきましょう。重いので、いつもはしゅうタンが干してくれるんだけど。

空港まで見送りに行ったけど、迎えにも行くつもりよ。夕方頃の到着だから、午後、家を出る前に湯たんぽを布団に入れて、お風呂を洗って、帰ってから何を食べるかわからないけど、ごはんだけは炊いておいて……。お味噌汁はだしをとっておけばすぐできるわね。たらことか、そんなものだと思うんですよね。いつも食べなれているもの。元気で帰ってきてくればいいわね。寒い寒いって言うんじゃないかしら。こんど、はじめて終盤が近いんだなーって思いました、ほんとに。私ひとりになるときもあるなって思ったの。


（二〇一三年一月）

はじめての入院 ―― しゅういち

病院に入院して、これで元気になるのかなと不安になりましたよ。病院食は辛かったですね。それと四人の相部屋だったから、いろんな人が入院しているでしょ。重い病の人もいて、こっちまでどんどんトーンが下がってくる。

入ったときは窓際のベッドが空いていなくて、僕は廊下側だったんです。天井と壁以外、何も見るものがない。数日後、窓際のベッドに移り、そこから外の景色を眺めて過ごせたから、気を紛らわせることができてよかったけど、僕にとっての入院はまさに命が縮むような思いでした。

それにしても病院は、なにもかもコンピューターでシステム化されてしまって、昔みたいに手で脈をとって診るとか、患者に触れたり、話をしながらじかに診察をするということがなくて、こういうものかと思いましたよ。

スタッフの対応もなんだか表面的でね。というのは病院も医療の効率化をめざしていろんな機械を入れ、それに対するマニュアルが全部あるでしょ。そのマニュアルを全部覚えて、決められた手順をこなすことに精いっぱいなのか、患者の内面、心を推しはかれる人がいなくなっちゃったみたいに感じました。なんか一方的でね。世の中はどんどん便利になっているけど、それと同じ分だけ、いや、それ以上に忙しくなって余裕をなくしているなと。

あんなにせわしなく動きまわって、働く人たちも気の毒だなあと思ったし、患者もいろいろなところを検査されるから忙しい、だから僕は、この入院でほんとに疲れました。

アメリカのピッツバーグには、有名な先進医療機関がありますね。医療を中心にした素晴らしい街ができたというけど、あんな街をつくってどうするんだと、僕なんかは思います。

二十日間入院して、最後はもう病院を無理やり脱出したんです。逃げ出したというか。病院の先生には「このままだと、僕はだめになってしまうから退院します」と言って。静かな日曜日の朝でした。

ここ〈自分の家〉が、どんなに素晴らしい桃源郷かを再確認しました。退院早々、はなこさんに〈桃源郷〉と書いてもらい、それを拡大コピーして、針と糸で旗をつくって。「気を引き立てないといけない」と思ってね。

あとでふりかえって、入院する前年の手帳を見たら、疲れたー、疲れたーと、よく書いてあって、相当僕は疲れていたようです。来客も増えていたし……。雑木や庭の手入れ、キッチンガーデンの作業をしたりして体力を維持してきたつもりでしたけど、少し過信していたのかもしれませんね。残された時間があとどれくらいかはわからないけど、大切に、大切に、過ごしていきたいと思っています。


（二〇一三年四月）

入院日記——しゅういち

ここにあるのは入院中の日々の記録でね、あの頃の精神状態は、この食事記録を見ると思い出しますよ。

僕は病院が嫌い、検査が嫌いだったでしょ、だから、生まれてはじめて経験することばかりで。日付がないところは何も書けなくて、かなりダメージを受けています。これが病院で食べたもの。この辺はまだよくて、検査が多くなってくるともう書く気力も残っていない。体も頭もくたびれ、精神も不安になっていて食事ものどを通らない。

この日はMR1検査をやって、もう何も書けなくなっています。英子さん、娘もいてくれたから、かろうじてまだノートをつけることができた、そんな感じ。

四人の相部屋で、いろんな症状の人がいて、いろんな出来事があるでしょ。ときには気の毒な話も聞こえてきたり……。「食べないと元気になれませんよ」と看護師さんに言われても、なかなか食欲はでませんよね。

それでも、ひととおりの検査が済んでからは、何もやらなくなって、少しずつ食べられようになり、娘たちが持ってきた差し入れなんかは、おいしくペロッと食べちゃいました。

ええっとこの日は、はじめて自己導尿のやり方を看護師さんから教わりました。これができないと退院できませんと言われて、英子さんも一緒にレクチャーを受けて。

それで三月十七日未明、病室に泊まっていた娘に「今日、退院するから」と宣言をして、英子さんに電話をしてもらったんです。気力、体力、限界。家に帰りたい。君、この盃を受けてくれ。さよならだけが人生だ……なんて気持ちになっちゃってね。これが最後かなと思って、力をふりしぼって書いた。

朝八時に英子さんが、鮭と昆布の入ったおにぎりと、みそ汁を持って病室へ駆けつけて、それを食べて僕は元気をとりもどし、それから担当医の先生、スタッフのみなさんにありがとうとお礼を言い、八時半には、そそくさと三人で病院を後にしたんです。

なにしろ二十日間、ベッドの上だったでしょ。だから足の筋肉が落ちて、歩けないと言われたけど、家に帰るうれしさから、さっそうと歩いて帰ってきましたよ。（二〇一三年四月）

英子のつぶやき

「母さん、いまの平穏はほんとうにいいねー」と言いますよ。病院での入院の日々は、いつどんな検査をするかわからないから、恐怖の日々だったたって。退院した三か月後にまた検査をしますからと言われましたけど、断ったの。このままずっと、平穏に暮らしたほうがいいって。

お医者さんも検査しないとわからないみたい。私自身も検査は嫌いだし、検診を受けたこともないの。不安のほうが大きくて、よっぽど体に悪いわよ。私も弱虫だから、お父さんと一緒でね。

気がきかない ── 英子

入院中は、毎日病院に通いました。朝五時に起きてご飯を食べ、自分のお弁当をつくって八時に病室に行き、夜の八時まで病室で過ごして家に帰るというふうで。

しゅうタンは病院にいる間は、病院の食事だけ口にして。「何かつくってこようか?」と言っても、食事管理されたものを食べるから「いい」って、がんばって食べて。外のものはほとんど食べませんでした。

入院したときのこと? 朝、足がむくんでいたの。かなり腫れていて、心配だから近所のかかりつけで診てもらうと、「すぐに隣町の病院に行ってください」って。電車で二つ先の公立病院まで車で行って診てもらったら「今日は、このまま入院してもらいます」と言われて、考える暇もなく私は自宅に戻って入院の用意をして。二、三日様子をみましょうと言われて、そんなおおごとだとも思わずに。

でも数日過ぎても血圧が一五〇からぜんぜん下がらないもんだから、退院もできなくて。担当医の先生がとても慎重な方で、「なにがあってもおかしくない年齢ですから心配です」と。

それで、毎日いろいろな検査でしょ。しゅうタンは検査のたびに食欲も元気もなくなっていくし。最初の日、血圧を下げる薬を飲んだら薬が強すぎて、意識がなくなっちゃったの。それで先生もあわてちゃって。ふだん薬を飲まないから、いちばんなるい(かるい)薬にしてくださいってお願いをして。

しゅうタン、はじめての入院だったから気の毒でね、じいっと辛抱していたんだと思うの。私もお産ではじめて入院したときは嫌だった。二番目の娘が生まれるとき、しゅうタンはイランに赴任中で、ひとりで病院に入院して産んだの。でも、私はひとりでもわりあい平気なの。心細いということはあまりないけど、しゅうタンはとても心細かったって。検査をひとりで受けるとき、私は付き添わずに病室にいたんだけども、なんで来てくれなかったのかって。看護婦さんがいるから、いいかなと思ったの。そういうところが私、気がきかないというか。B型ほど神経がいきとどかない。だから気の毒なことをしたなあと思う。

病室で付き添っていても、何かをするわけではなくて、ただ、そこにいた感じで。家にいても何も手につかないし、じっと待っているのもできないから、だったら病院にいたほうがいいわと。どんなときも待つ側の身は、落ち着かないわね。

電話が鳴って「今日、退院するから」と聞いたときは突然で驚いたけど、限界だったのね。感覚的なことは本人の意思に従ったほうがいいと思って、何も言わなかった。

それにしても入院中は、誰もいない暗い家に帰るというのは私も生まれてはじめての経験で、嫌でしたよ。でも、そんなこともいっていられない状況で、自分で灯りをつけて家に入ったら、持ち帰った衣類を洗濯したり、炊事をしたりと忙しくて。でも、忙しいことでかえって、いろいろ考えずにすんでよかったわね、いま思うと。

（二〇一三年六月）

Z旗を揚げろ　――しゅういち

Z旗って知っていますか？　船どうし、意思疎通のために用いる国際信号旗のひとつなんですが、日露戦争で日本海海戦のとき、軍艦三笠がバルチック艦隊と戦って用いた旗でもあるんですよ。

「皇国の興廃この一戦にあり。各員一層奮闘努力せよ」という意味を持たせて掲げたのがこのZ旗で、海軍兵はこの旗を見て士気が一気に上がり、勝利したとさえいわれています。以来、Z旗は特別な意味をもつことになって、負けられない勝負に挑むときなど、これを用いるようになったわけです。

太平洋戦争中、僕は海軍にいましたし、そういう話を聞いたり、本で読んだりしていました。まあ、そんなことから、うちでは何か事があるときは、自分を奮い立たせる意味を込めて、Z旗を揚げるんですよ。

それで今年のクリスマスプレゼントは、娘たちにもZ旗を送ってやろうと思っているところです。「困ったときは、このZ旗を揚げなさい」ってね。

X、Y、Zと、いうくらいですから、X旗、Y旗もあるんですよ。いつもZ旗を揚げているのはつらいから、ふだんはX旗やY旗で、ここぞというときにZ旗を揚げる。娘たちはいつもこんな親父の様子を見ていましたから、意思が通じるんですよ。

じつは僕が、病院を退院して自宅に戻ってから、旗を揚げる支柱を新しいものと取り替えました。グラグラになっていて、前々から気にはなっていたので。そこで雑木林からころ合いの竹を一本切り出しまして。病み上がりだから、また血圧が上がるんじゃないかって、英子さんは心配しながら見守っていましたけど。

僕の気持ちが、入院によって相当沈んでいましたから、「もう少したったら、Z旗だぞ!」と、そうやって自分自身を励ます意味でも、無理して作業をやったわけです。（二〇一三年八月）

英子のつぶやき

「Z旗を揚げたら元気になる」って言うんだから、B型はおもしろいよね。娘二人もB型、だからよく話があいますよ。O型は私ひとり。

昔、この家を建ててすぐ、旗を揚げるところをつくったんですよ。しゅうタンが自分ひとりで。うちは男の子はいないけど、小さな赤い鯉のぼりを揚げようって、そういうことにしたの。毎年、楽しそうに揚げて。

それで今年はしゅうタンが元気になったお祝いに、新しい鯉のぼりを買おうって、買ったの。いままであったのは栗の木にひっかかってボロボロになっていたから、これを機にね。鯉のぼりを手作業でつくっているお店が半田にあるから、いつものように電話でお願いをして。

自分の手で、自分の暮らしを豊かにする

――しゅういち

こんどの（体調を崩す）ことがあってからね、いよいよ年齢不詳になった感じ。というのは、まだまだやりたいことがたくさんあってね。

作業場に〝芸工房〟という看板を掲げたんですよ。ほんとは畑の隅に新しい丸太小屋を建てて、そこに芸工房という名前をつけようと思っていて、それまでの間、仮として。

昔から僕は、自分の手でつくれるものは何でもつくってみたいという思いが強くて、船もつくったし、ベビーベッド、ドールハウスなんかもつくりました。自分がいろいろなものをつくってきたというのは、ある意味、心の支えにもなっています。自分の暮らしは、自分の手で豊かにすることができるという。

それで前々から欲しかった木工旋盤を、中古ですけど手に入れて、これで食器をつくろうかと考えているところです。手はじめにスプーンを制作して、慣れてきたらお椀やお皿もつくってみようと。この箸おきは先日つくったもので。修善寺の温泉に娘が誘ってくれて、その泊まった宿で使われていたものからヒントをもらいましてね。

伐採した雑木が、庭にたくさん積んであったでしょ。あれはシーズニングといって、一年間雨風にさらしながら悪いものを出していたんです。生木は木工の材料には適さないので、野外で自然乾燥させて使う。そうやって干しておいた材木のストックがあったんで、帰ってきてさっそく、

試しにつくってみたというわけです。
電動ノコギリで枝を薄く切り、断面にドリルで大小の穴を自由にあけて。木には年輪が刻まれているでしょ。それが味になってね、だから、これ以上の細工はいりませんよ。仕上げにオリーブオイルを薄く塗って。さっそく食卓で使っているんですよ。人にもさしあげたりして。こんなことが楽しくてね。

僕は昭和十七年、経済的なことで都立の高等工業学校に進み、機械科と電気科があったんです。いまでもそうですが、僕は目に見えないものはダメでね、電気は見えないし、手で触れられない。自分の性にはあわないと、機械科を選択しました。

それで機械工業養成というところで、刃物の研ぎ方、使い方などの訓練を半年みっちり受けて、実習へ。その実習がまた半端じゃなくて、ハンマーフリーからやったんですが、真冬、ハンマーがクサビに当たらず手に当たってグチャとなり、治らなくて大変な思いをしました。体に覚え込ませるようなことをたくさんやらされて、職人教育を受けていたような感じです。頭で覚えたことは忘れますけど、体に刻まれたことは一生、いまだに覚えていますからね。

道具類にも愛着が深くなり、不具合を感じると自分で直して。このカンナは、刃を変えればいつまでも使えます。直すとかえってお金がかかる仕組みになってしまった世の中は、不自然ですよ。経済が回るよう、使い捨てを主流にしようとしてね。昔のものはとにかく丈夫で長持ち。そして、道具を自分の手で育てていくという楽しみがあるでしょ。そんなあたりまえだったことを、次の世代に伝えていかないとね。

できることなら鍛冶屋もやりたいですね。ご近所から「あそこに行けば直してもらえる」って、来てくれると楽しいなあって想像したりして。お金を出せばなんでも手に入る便利な時代だけど、自分の手足を使って暮らすのが、ほんとうの豊かさなんじゃないかって思います。

（二〇一三年六月）

英子のつぶやき

しゅうタンはやりたいことが、ほんとにいっぱい。夢中になるとやりすぎてしまうから、私はブレーキ役で止めるわけだけど。やりたいことって、生きられて、やりたいことがやれるのよ。わかっているのかしらと、言いたくなるときもあるの。

兄のこと —— 英子

「何かやろう」「やりたい！」と強く思うと、それが生きる力になるのね。

私が七十歳になるとき、二番目の兄が八十歳で胃を五分の四取ったの。膵臓までガンが転移して余命三か月と言われて。本人には告知しませんでした。ところが退院したら「俺は死ぬまでに、あと一万食食べる」と宣言して、自分で料理をつくるようになったの。料理の本をたくさん買い込んで、買い物も自分でして。

兄は趣味が多い人で、車が好きだし、釣りもやる。射撃やスキーも。伊勢型紙や鎌倉彫といった手仕事も好きだし、なんでもこなしたから筋がいいんだろうと思うの。やらなかったのはソーイングと染色くらい。

病気をしてからは「もっと、写真を撮りたい」とカメラにますます意欲的になって、いろいろ撮っていました。壁に花の写真が三枚飾ってあるでしょ、あれは兄の作品。半田の街並みや、博物館を撮ってほしいと、仕事を頼まれるくらいだから腕もよかったんじゃない。

それで病で倒れてから、食べることが大事だって気づいたのね。

食道楽だったし、根が凝り性だから、自分でつくる料理も本格的。タンシチューをつくるときは、私が牛タンを取り寄せて。半田に昔からの洋食屋があって、そこで話を聞いたり。料理を、あんなに楽しめたんだからよかった。

私は六人兄弟の次女で、兄は次男。ほかの兄弟はすでにみんな他界し、二人だけだったから、余命三か月と聞いて、半田の兄の自宅まで月一回通ったの。畑で収穫した野菜と、つくった料理やお菓子を両手に提げて。一緒にお墓参りをして、昼食を食べながら料理の話とかをして。ものづくりが好きだったから話もわりと合ったのね。ひと回り以上歳が離れていたから、子どもの頃はこわい存在で、しゃべることもなかったけど。

ある日、「英子なあ、これちょっと持ってみろ」と言われて。海苔の空き缶に砂を入れて、毎朝それ持って運動していたの。そんな面倒くさいことやってるのと言いたかったけど。手術後、兄はありとあらゆることをやっていましたよ、体にいいと思うことを。ああ、生きるって、こういうことなんだなって、いまならわかる。

それで九十歳の誕生日の朝、布団の中でつめたくなっていたの。老衰ですって。ガンはどこにいっちゃったのかわからない。料理書を見ようと開いた本に手をおいた姿だったって。その知らせを聞いたとき、悲しいという気持ちはなくて、むしろ自分のやりたいことをやって、あの世に逝けたからよかったと思ったの。私も十年通って、兄にしてあげれることは全部やったから、なんの後悔もなかった。

兄を見ていて、歳をとっても、心が豊かになるものがあることは大事だなって思った。それがあったからガンになっても十年間、生きられたんだと思う。九千食食べられて、好きなことをめいいっぱい楽しんで、夢見てやらないとだめだなって。

人間は生きているうちにやることが肝腎ね。いつも一生懸命やっていれば、そう悲しむことはないなって思う。兄と過ごした日々のなかで、私は大事なものを教わったなと思います。

（二〇一三年 一月）

死ぬまで続ける ―― 英子

ある日、「餅をつくのも、ベーコンをつくるのも、だんだん面倒くさくなってくるなあ…」って、ひょっこり、しゅうタンが言ったの。それで餅をつくとき、あいだにひと息入れないと続かなくなってきて、「大丈夫?」って聞くと、大丈夫だって言うの。

八十歳を越したとき、「もう歳をとったから、みんなに送るのやめようか?」と聞いたの。毎年六月と十二月、ベーコンとジャムをつくって送るんだけど、この習慣もやめようかと言ったら、

「これは死ぬまで続けるんだから、ダメだよ、やめたら」と。それでずっと続けているの。しんどいけど、まあー、やらなきゃと。

それから数年たって「九十歳になったら、もう、みなさんに送るのやめようか?」と言ったら、「まあ、そのときはそのときだ」と、おそらく自分でも意識していたのね。

昔は八十を過ぎるとお年寄りだと思っていたけど、自分が八十を過ぎてみるとぜんぜんだもんね。

（二〇一三年八月）

しゅういちのつぶやき

やっぱり疲れますよ。ちょっと働くと、翌日は疲れたなあと思うけれど、でもやらないと、どんどん体は動かなくなりますからね、自分に課しているわけです。

長い時間の積み重ねのあとに

――英子

　仕事で忙しい、忙しいって言っている娘が、バレエをはじめたの。一か月に一回でもいいから、好きなことを何かやろうって、四十代の後半で。

　それと、白糸刺繍もやりだしたの。私も娘に誘われて、一緒にそのタイミングで白糸刺繍の通信学習をはじめたんだけど。「忙しくて、やれない」と言いながらも、好きなことだから続けているみたいよ。ここに来るときも白糸刺繍を持ってきてやっているから。

　先日、仕事で見えた四十代くらいのキャリアのある女性が、こんなことを言ったの。

「毎日雑用ばかりで大変です。この頃は、なんで生きているんだろう…」って暗い表情で。

「これということを何かやってみたら、道が開けるんじゃない？」と言って、話を聞いていたんだけど。キャリアを積んで、仕事もたくさんやられてきたんだと思うの。でも、くたびれちゃったのね。だから、気持ちが少しでも前向きになれればなあと思って、自分の好きなことをやってみればいいんじゃないかしらと。

　娘は、バレエを続けていたら体の調子がよくなったと喜んでいましたよ。ほんとは子どもの頃にやりたかったんだって。自分のやりたかったことをやれて、体が軽くなれば、気持ちも変わると思うの。その積み重ねで何か変わるかもしれないわね。心が豊かになる方法をひとつ知っているわけだから。

その白糸刺繍を習っている先生が、東京で個展をやっているというんで、先日新幹線に乗って見に行ったの。向こうで娘と待ち合わせして一緒に。

「すごいなあ」と思いましたよ。刺繍とは思えないほど立体的な作品もあって、独自の世界。極めていくと世界は広がっていくんだなって。とても長い時間の積み重ねがあって、ここまでのものが生み出せたんでしょうね。私も、もっと前からやっておけばよかったなと思いました。結婚前、修道院でドイツの刺繍を二年間習っていた時期があったけど、そこまでのめりこむほどではなかったの。十分な資料もなかったし。でも若いとき、それに気づくべきだったと。

人はたくさんの個性を持っているから、自分のやりたいことに気づいてコツコツ続けていけば、きっといいことがあるわよ。

私が野菜をつくるのも毎年やっているから、つくれるようなものですよ。最初からりっぱなものをつくろうなんて考えないで。何でもいいから、自分の好きなことをやって、それを続けていると見えてくるものがあるから。それが大事なのね。ささやかなことでいいのよ。

（二〇一四年四月）

いい道具を揃えてみたら　――　英子

日々の作業が楽しくなるよう、はさみを買ったの。よく切れるって、しゅうタンがとても喜んで。スイス製で、グッドデザイン賞をとったものらしい。毎日使うものならなおさら、いいものを選ぶことが大事。楽しくないと続かないですものね。

いいものがやっと出てきたっていう感じね。私たちの若い頃は、そんなにいいものがなかった。外国製のものは手に入りにくくて。いまの人は若いうちにいいものを揃えば、それをずっと一生使い続けられる。高価だから、時間をかけてひとつ、ひとつ。そうやって揃えていけば、いいものが残せるわね。

このまえオーブントースターが壊れて、しゅうタンが自転車でホームセンターまで行って買ってきてくれたの。「これ、安かったから」って、紐で箱を結わえて、背中に背負って。うれしかったですよ。でも、使いづらいの。ちゃんと焼けるし、機能もちゃんと果たす。だけど、微妙なところが、どうもね。かゆいところに手が届きそうで、届かないみたいな。少し無理してでも、いいものを買いたいと私が思うのは、そこのところ。だからといって、新しいものを新たに買うのは気がひけるし、壊れるまでは、これを大事に使わないといけないと思うとね……。

道具は使う楽しみがあれば、やりたいことも広がっていくと思う。日々の暮らしを楽しくするには、そういうことも大事だと思うの。


（二〇一四年六月）

しゅういちのつぶやき

握力を鍛えるために毎日植木ばさみを使って、何かしらの作業をしています。庭の雑木の伐採には、機械はあまり使わず、枝なんかもはさみを握ってパチパチと落としていくようにして。両手を使って枝を切るはさみもありますけど、あれはあまり使いません。こうやって毎日少しずつ作業をしながら、知らないまに体が鍛えられていると思いますよ。

一年間のお休みを経て ―― 英子

退院してからの一年は、人と会うことを控えました。しゅうタンや娘と話をして仕事も少し休んだほうがいいねって。私なんかは大勢のなかで育って、誰が訪ねてきても、あっけらかんとして同じ調子でやっていますけど、しゅうタンはとても気をつかうから。特に、初めての方がいらっしゃると、サービス精神旺盛だからやりすぎて、あとから疲れが出て、血圧も上がったままで戻らないこともあるの。

結婚以来でしたね、誰も訪ねてこない、ゆったりと二人だけの時間を過ごしたのは。テレビはつけない、新聞は読まない、電話もこない。もともと一人遊びがお互い好きだから、やりたいことをゴチャゴチャと勝手にやって一日が終わる感じでした。

「深い退屈のうちに、私たちは最もよく私たちの生活を味わう」と誰かが言っていたけど、平凡な快楽にまさる味はない、楽しい退屈のひとときでした。

昔、ヨットに乗っていたときも同じような気持ちになったことがありましたよ。何度も遭難にあっていたから、ヨットは身を細らせる心配の種だったけど、夏になると友人を乗せて二、三日のクルージングに出かけることがあって、帰って来る日に迎えに出るの。ヨットは風任せだから、何時に着くのかもわからない。港の石垣に腰を下ろして、海をぼっーと眺めながら待っている。退屈な時間ではあったけど、無事到着して赤く日焼けしたお客さんの顔を見ると、安心してなんとも言えない気持ちになって、平凡な快楽にまさることはない。退屈で平和な時間だったなあと。

いまは、以前のような生活に戻りました。しゅうタンは自転車に乗って買い物に行くし、家の中にいるより、外で作業しているほうが長いですよ。

（二〇一四年七月）

しゅういちのつぶやき

とにかく、誰も来ないで二人でいるときが、ホッとします。

キッチンガーデンと雑木林の妖精たちとゆっくりすることが、二人の健康のもとですね。

レーモンドの丸太小屋 ——しゅういち

今年は家のペンキを全部塗り替えました。いままでは僕が屋根にのぼって悪いところを見つけて少しずつ塗っていたんですけど、もう限界だなと思って業者に頼みました。「九十近くなって、はしごの足を踏み外したら大変だから」って英子さんが言うし、僕も屋根からポッと落っこちたら、それで終わりだなと思って。

家を維持し管理していくって、なかなか大変なものですよ。これは、つばた邸のハウスキーピング記録ファイル。農小屋、染色場、書庫、それぞれ詳細を書いて。僕らがいなくなっても、修理していかないといけないでしょ。電気や水道の記録とか、そういうものを管理していくためのノウハウも必要だし。どれくらいの頻度でやればいいのか、あとに引き継ぐ人が困らないように伝えていかなければと思って。

家の中の仕事っていうのは、じつはたくさんあって、〈暮らし〉をもっと見直すべきだなと思います。英子さんは台所で大変だけど、ときに小児科医であり、老人医であり、なんでもやってくれるから素晴らしい。「私は勘で生きてきたの」と英子さんはよく言っていますけど、その勘をつかめるようになるまでが大変ですよ。本なんか読んでもだめでしょ。ちゃんと生きて、いろんなことを体験していないとわからない感覚だと思います。自分でやって、感じないと。

最近、自分の人生が終わるまでに、レーモンドさんの丸太小屋をもう一軒建てて残したいと強く思うんです。たった一か所、ここだけですからね。足場用の杉丸太と合板のローコストで実現できる家を、もう一軒造りたいと思って。模型はずいぶん前から用意して、計画も立ててあるんです。生きているうちにできるか、できないか、わからないですが、やりたいことは、まだ、たくさん企画してあるんですよ、いっぱい。

（二〇一四年四月）

英子のつぶやき

家の修理を業者に予算を見積もってもらったら、百万円くらいお金がかかると聞いて、びっくりしちゃって。いままで、しゅうタンがすべて自分で手でやってくれていたから、わかりませんでしたけど。長い間、楽しみながら家のことをやってくれていたから、よかったですね。

いつも新しいことを考えて、それを思っていると、できるかもしれない。

そういうことをやることが大事なのね。いままでは宝くじが当たったら建てようと言っていたけど、当たらないわね。買っても当たるわけではないけど、でも、なにもやらないのは、もっとだめよね。

ある日の会話

英子　自分流に考えて、私、つっ走っちゃうのね。娘に「そのままやろうとするから、お母さん、そこはよく考えたほうがいいよ」って言われる。アハハハ。

しゅういち　ずいぶん、影響をうけています。

英子　私はあんまり人の影響は受けていないなあ。

しゅういち　教祖だからね。

英子　いやいや、人と同じことをしたらダメって思っているから。一人一人がもっと個性的でないとダメと思うのね。人間はたくさんの可能性をもっているから。私たち、人の言うこと聞いて信用するような人種じゃないもの。お父さんも自分流だし。ほんと、自分の価値観で、自分流に生きてきたなって思うよ。

山も街も、
緑でいっぱ

ミフネさんの
アベマキ

一人静

桃源

ていねいな暮らし　――しゅういち

僕の同級や後輩の暮らしを見ていると、サラリーマンのお嬢さんを、お嫁さんに迎えた人というのは、暮らしに対する考え方が、英子さんと違うなと思えますね。

出世して旦那が偉くなり、経済的にも豊かになると奥様らしくなっちゃって。自分でつくることをあまりやらない人になっちゃう。いい車に乗ったり、レストランで食事したり、海外旅行に出かけたり、お金にまかせた楽しみに変わっていくんですよ。

有能な人こそ、晩年は寂しかったりしますね。奥さんが先に逝ってしまったら、ひとり施設に入るみたいな。また、奥さんが会社に勤めて有能だったりすると、旦那のことまで考えられないから、別々なところで生きているみたいに。

歳をとってからも、見事な夫婦ってそういないもんね。日本のサラリーマン社会が全体の七割を越えるというのは、異常なことだと思います。

近所に、食事の宅配を頼んでいる人がいましてね、ひとりになると自分のためにつくるっていう気にもならないんだね。やっぱり、ひとりになるっていうのは大変なことですね。僕も、英子さんに先に逝かれちゃったらと思うとぞっとします。

若いときに、いわゆるご祝儀麻雀だとかやっていたら、歳をとってから何もやることがなくなっちゃいますよ。犬や猫の世話だけで、食事は外食。子どもや孫には、物を買い与えればいいしていね、お金があれば、なんとかなると思っている人がおおぜい。この時代、ていねいに暮らしている人が、どれだけいるんでしょうね。

長い時間をためたひとつのストーリーを届けられれば……、それが年寄りの仕事かなと思っているんです、僕たちの生き方を。ひとり、ひとり、暮らしていくうえでの何かの知恵のような、次の世代に何かを伝えるためのそういうストーリーをと。

（二〇一四年四月）

3章　毎日コツコツと

菜園日記から養生日記へ

しゅうタンが体調を崩してからは、白糸刺繍と編物は、しばらくお休みしていました。食べることに集中して、しっかりやらないといけないと思って。そっちに一生懸命だと時間もなくて。畑仕事もギリギリでやっている感じ。でも一日一時間以上はやりません、草ぼうぼうでも。無理をして体を壊すのがいちばん困るでしょ。歳をとったら無理をしちゃだめと自分に言いきかせて。

退院後は月一度、病院の検診に通っています。病院に行く日が近づいたら、日々の自己導尿の記録と、献立を記録している私の小さなノートがあるんだけど、その月の分を全部コピーして、あらかじめ主治医の先生に送っておくの。字のまちがいはあるし、ぐちゃぐちゃだし、恥ずかしいけど、毎日の様子が、これを見て少しでもわかるのならばと思って。

水分は一日一六〇〇ccくらいを摂り、一日六回の自己導尿で排出するのは一六〇〇〜二〇〇〇ccくらい。お通じの回数とか。日々の生活を知ってもらって、それで診てもらえばより安心できるかなと。

数値もだいぶ安定してよくなってきているから、一か月の検診を一か月半に延ばしてみましょうかと先生から相談されたけど、月に一度の検査を受け、先生のお話を聞けば安心できるし、それがいちばんの薬になると思うから、このままのペースで診てくださいとお願いしたの。年齢も年齢だし、異常がなければ、それがいちばんいいことだから。決まった時間に自己導尿するようになり、それに合わせた規則正しい暮らしが送られるようになったことは、よかったですね。

しゅうタンは毎日書きものをしているけど、私がノートに記録したり、手紙を書くのは、ひと仕事ですよ。慣れていないから。でも、これが役立つのならと思うと続けられる。

しゅうタンが体調をくずす前までは、菜園日記を書いて、将来、娘たちがここで暮らすとき、この菜園日記を読んで、いつ頃、なんの種を蒔いて芽が出たとか、花が咲いたとか、そういう日々の様子なんかを記録しておけば、なにかの参考になるかなという思いがあって。

雨が降って畑に出られない、そういうときはお菓子をつくるから、ついでにそのレシピなんかも書いて。それがいまは、毎日食べたものと導尿の記録に変わりました。すぐ忘れちゃうから、できるだけそのつど書くようにして。

しゅうタンも血圧を自分で測って、朝昼晩の記録をつけています。どんなときに血圧が上がるかがわかってくるから、あらかじめ気をつけようと思うみたい。書くことで気づいたり、客観的に自分をみつめられるから、文字にするって案外いいことだなって思います。

こうやって細かくつけているようだけど、完璧ではないのよ。世間的なことは、私はもちろん半人前だし、しゅうタンもあまり世間的なことを知っている人間じゃないから、二人でやっと一人前という感じで。だからまあ、二人ならやりきれるかなと思う。

病院の先生は、年老いたものが二人だけという状況を心配していたみたい。先生からそんなことを言われて、自分たちの歳をあらためて意識したくらいよ。

「気持ちが前向きだからいいんですねえ」と人から言われるけど、私は無意識。思考がそうなっちゃっているんじゃないかな。いいことばかり考えて、実際によくなってきたから。悪く考えたらダメと思って、素直に受け入れるの。

つらいこともありますよ。でも、それも受け入れて、いいように考える。いいことしか、よくならないと思っているから。何でもいいように。

（二〇一四年三月）

しゅういちのつぶやき

菜園日記のノートは、僕のお手製。コピーをやっていると、失敗した紙がたくさん出てきますから、それを利用してつくったものです。半分に折って白い部分を表に出し、のりで貼りつけて。昔は紙が大事だったから、よく、こうやって別帳綴じにしたもんです。お店でノートを買ってきてというより、このほうが豊かなんですよ。倹約とか、そういうこととは別にね。切り抜き記事を貼ってもいいし。いま、このノートは僕の血圧の記録なんかをするのに使っています。

野菜も肉も湯引きから

とにかく、しゅうタンが体調をくずしてからは、いままで以上に調理に手間をかけるようになりました。《ときをためる暮らし》の本を出したのは二〇一二年の秋で、いまより三歳若くて元気、うす味を心がける程度だったの。

それがある日、突然の検査入院で高血圧とわかり、「味覚を自然のものに、近くしてくださいと」とお医者さんに言われて、そこから塩分を摂りすぎない食事づくりはどうすればいいかを勉強するようになって。本を読んだり、娘が送ってくれる資料を見たりしました。

いま、料理をつくるときに必ず最初にやるのは、野菜でも肉でも魚でも、一度お湯に通すこと。湯引き（湯に通すこと）することで、野菜はカリウム、肉や魚は余分な脂やナトリウムを、少しでも取り除くことができるというから。

体の調子を整えてくれる野菜は、たくさん食べてもらいたいけど、カリウムが含まれているのでね。健康な人であれば、野菜に含まれるカリウムは摂りすぎた塩分を吸収して体の外に排出したり、血圧を下げることにもつながるから、どんどん食べていい。だけど、しゅうタンのように腎臓機能が低下している人は、カリウムの摂取量はおさえたほうがいいんですって。

キャベツ、ほうれん草、さやいんげんを使おうと思ったら、一種類ずつ、お湯をとり替えて湯引きをします。同じ鍋の湯を使って、次から次へと入れてはだめで。その野菜のカリウムがお湯の中にしみ出ているわけだから。手間は増えるけど、毎日やっているといつの間にか、これがふつうになって慣れちゃう。

こうやって湯引きすることで味がすっきりするし、雑味やアクも抜けて、素材の味がとてもよくわかる。手間というより、おいしく食べるための下ごしらえのひとつと、いまは思えるようになって。いままでも、素材の味をわかっていた気がするけど、いまのほうが断然、味に敏感になりましたよ。歳をとると舌の感覚が鈍くなるって言われるけど、そんなことはないと思うの、日々の食生活しだいじゃないかしらって。

大根は、生なら気にせず量を食べてもいいけど、切り干し大根のように、干したものはカリウムが多くなるので量は控えめにして。芋類のなかでは里芋と山芋はカリウムが多くて、葉もの野菜では、ほうれん草が多い。いままで知らなかったことを知る機会になって、私の刺激にもなっていますよ。

（二〇一三年八月）

ゆっくり時間をかけて減塩

料理の塩分が簡単に測れる器械があるんですね。娘が送ってくれて。最初のうちは減塩といってもピンとこないから、こういうものを使って取り組みはじめたの。

味噌をこれくらいの分量を使うと、味噌汁の塩分濃度は何％、その場ですぐ数値が出てくるからひとつの目安になって、とても助かる。減塩を完璧にやろうと思えば、家庭でもけっこうできると、自信もついてきて。

ただ、減塩した分、味わいが乏しくなる。おいしく食べさせようとすると、その分の工夫が必要になるわけだけど、そういうことをあれこれ考えて試すのはあまり苦にならない性質だからいいの。私、一日じゅう台所にいても飽きないくらいだから。

いかに家族を元気にさせるか――、家族の誰かが病気になったら、その責任は自分にある、それぐらいの覚悟で台所仕事をずっとやってきたでしょ。だからしゅうタンの突然の入院は私にとってもショックでね。だけど病気ではなく、歳とともに体の機能が落ちてきたことが大きな理由で、「八十八歳にもなれば、体の機能も自然と低下してきますよ」と先生から言われて、そういうものかと私も事態を受け入れられたの。

いままで以上に、食事に気をつけて、食べるもので体を治していこう。昨日より今日、今日より明日よくなるという感じで。それを目標にやる以外、方法はないと思って。前進は無理でも、後退を遅らせるには、どういうふうにしたらいいかなと考えて。

これまで長く生きてきた習慣の現れですから、それと同じぐらいの長い時間をかけて、元に戻していくような気持ちでいます。時間は、かかると思うのよ。ゆったりかまえて、やっていくよりほかないですね、急いでいいことってないから、じっくり、じっくり。　（二〇一三年六月）

おまけをつける

しゅうタンは昔から早起きで、お腹がすくっていうので、朝ごはんの前に、まずおかゆを食べてもらいます。前の晩、おにぎりにしておいたものを土鍋で煮て、昆布や貝、桜海老の佃煮なんかをのせて。

私はちょっと遅く起きて、朝ごはんの支度をして、八時すぎに一緒に食べます。しゅうタンはご飯で、私はパン。おかずはサラダやおひたし、焼き魚、海苔、卵、納豆、そのときどきで、ちょこちょこ、いろんなものを。

あと小魚類も。たたみいわしや、ちりめんじゃこを大根おろしで。白魚や小海老のときもあるし。カルシウムは吸収されにくいっていうので、毎日少しずつ、意識的に食べるようにしています。

しゅうタンの好きなおかずがないときは、好きなものを一つだけ添えるの。おまけのように。うなぎの蒲焼きを一切れ、穴子一切れとか、小さく切ったものを。あとシュウマイね。好物があるとないでは、気持ちも変わるかなって。

野菜の煮ものなんかは、昔からあまり好まなかったですね。好きなものばかり食べていると栄養の偏りが心配になるので、好きじゃないものをどうしたら食べてくれるかって、考えながらつくるの。「食べたら私の勝ち!」くらいの気持ちでいたのよ。

退院して一年半になりますけど、食生活がガラッと変わりました。なんか、新しい世界がはじまったっていう感じがする。

歳をとると一気にたくさん食べられないから、栄養が不足しないように、ちょこちょこ食べるようにしています。食べることは、細かく細かくやらないとね。

（二〇一四年七月）

魚の照り焼きをおいしく食べるために

減塩を意識するようになってから、料理のひとつ、ひとつをチエックして、こういうやり方はどうかなって考えながらつくるようになりました。

たとえば、かじきまぐろの照り焼きは、合わせた調味料（醤油、酒、みりん、塩）に漬けてから焼いたけど、いまは何もつけず、そのままグリルに。焼き上がる直前に、ごく少量の醤油を表面に塗って仕上げるの。

「お醤油をつけて食べるくらいなら、そんな神経質にならなくてもいいですよ」という栄養士さんからのアドバイスで、ひと塗りするくらいはまあいいかなと。

でも、焼き魚のようなたんぱく質のものは、冷めると固くなって味わいが半減するので食べる直前で仕上げ、食卓に出すようにしています。焼きたてであれば、その香ばしさで味の不足分も補えると思って。熱いものは、熱いうちにと言うでしょ。ごくあたりまえのことだけど、若いときのように段取りよく、ササッと動けなくなってきているから、そこは用意周到に準備をして。あと、焼き魚をおいしく食べるために、必ず添えているのが大根おろし。相性がいい組み合わせよね。味が薄くても、カボスなんかを絞ればさっぱりとして、おいしく食べられる。だけど、どうしても「醤油がほしい！」というときもあるでしょ、そのときのために小さな醤油注ぎを用意したんですよ。これで「テキ、テキ、テキ」っと。小さな注ぎ口から出てくるのはごくわずかな量。一滴、一滴、かけすぎを防げそうで。これを見つけたとき、これはいい！ と、即買ったの。見た目もかわいらしいでしょ？ 食事は楽しくないと、食べても体の栄養になりませんから。案外大事よ、こういうことって。

いろいろ試しながらの毎日で、料理がどんどん更新されていく感じ。前にやっていたことなんか、もう、すっかり忘れてしまっていますよ。

（二〇一四年六月）

しゅういちのつぶやき

「我慢して、よく食べてくれている」と英子さんは言いますけど、さっき食べた魚の照り焼き、塩気がなくてもまずいという感じではなかったけどね。ぜんぜん、そんな気はしませんよ。英子さんの腕がいいからですよ、ほんとに。

干ものづくり

あー、晴れてきましたねえ。昨日、栄（名古屋市内）の魚屋さんで買ってきて、鯵をおろしたものが冷蔵庫に入っているから、外に干しちゃいますね。

干ものも、うちでつくるようになったの。売られているのは、どれくらい塩が使われているのかわからないのでね。しゅうタン、鯵の干ものは好きだから、塩を控えてつくればいいとつくり始めたの。かますの干ものもおいしいわね。昨日はかますがなくて残念だった。

昨日買ったのは鯵六尾、ひらめ半身、かれい、くるま海老、ほたて、穴子十四、生のたらこ、照り焼き用のかじきまぐろの切り身。あと、お昼に食べる特上の握り寿司。まあ、重かったですよ、一か月分をまとめてだから。

先代のおじいさんの代から通っている魚屋さんで、もう半世紀以上のつきあい。行く前日に電話をかけておくと、私が買いそうなものを用意しておいてくれるの。店頭に並んでいても、あまりおすすめじゃないものは、脂がのっていないからとか言ってすすめない。天然ならどこのものがいいとか、何が旬でおいしいか、こういう会話のやりとりが気軽にできるのはいいですね。わからないことは聞いて、こっちも勉強できるし。スーパーだと、こうはいきませんものね。

買ったものは、手提げ袋二つに重さが均等になるように分けてもらって両手にさげ、寄り道せず急いで帰ってくるの。生ものだからすぐに処理しなきゃいけないのと、しゅうタンのお昼用に買ったお寿司があるから。

電車とバスを乗り継いで一時間、帰宅したらお昼を食べて、とりあえず昼寝をするの。それから夕食をつくりながら、買ってきた魚をさばいて。

ひらめは昆布締めにして冷凍。鯵は開いて干もの用に処理をして。穴子は三つ、四つに切ってかるく炙って冷凍。食べるときはそのまま焼いて、みりんと日本酒、砂糖、葛でとろみをつけたタレを塗ります。お酢のご飯を握りみたいに握って上にのせると、さっとお寿司がつくれ、ちらし寿司の具にしてもいいし、手巻き寿司で食べるとか。急に食べたくなったとき、こうやって下ごしらえをしておくと助かるんですよ。

貝柱はだしがよく出るので、生のまま冷凍。かじきまぐろ、たらこも一切れずつラップに包んで冷凍。全部の作業が終わって寝たのは夜中の二時頃でした。こういうものは、すぐ処理しちゃわないとと思うから。疲れたけれど、これで安心と、ほっとして休みました。

物はなくても暮らせるけど、食は命ですから真剣にやらないとね。

（二〇一四年四月）

【鯵の干もの】

材料　鯵、だし

◆作り方

1　鯵の内臓を出して、背開きにします。だしにひたして冷蔵庫で一晩おきます。

2　翌日、日陰の風の通る場所で干します。半日から一日、乾き加減の様子を見ながら。できあがったものは、ラップに一尾ずつ包んで冷凍保存をします。

ソーセージ、練りものの塩分を抜く

ソーセージや練りものが昔から好きでしょ、しゅうタン。そのまま食べて塩気を感じるくらいだから、一時は口にしないよう避けていたの。

この頃は退院した一年前と比べれば体調もよくなって、ときどき食卓に出すこともあるの。その場合は茹でてから。減塩料理の本に、ソーセージの中の塩はなかなか抜けないから、半分に切って水から茹で、沸騰したら火を止め、そのまましばらくおいておく、と書いてあって、それにならって。ボイルソーセージとして、そのまま食べてもいいですよ。私は無塩バターで少し焼き目をつけるように炒めると、風味よく食べられるんじゃないとソテーにしてみたり。

かまぼこも塩分を抜くために湯引きして、だしで煮ます。調味料は何も加えず、そのままだしの風味だけで。

たらこも大好きなんですよ。どうやって食べるんですかって聞かれたけど、さすがにたらこの塩分は抜けないからそのまま。だけど、試しに一度、湯の中に入れてみたことがあったの。ぱあっと広がってしまって、あきらめた。量をぐっと減らし、梅干しの種くらいに小さく切って出します。まあ「食べた」という気分にはなれるかなと思って。ほんとは食べないのがいちばんいいけど、好きなものを我慢するのはつらいでしょ、ときどき、こうやって食卓に登場させて。とにかく食事のストレスをためないようにすることが、長く続けていくコツだと思っているから。

五十五kgあったしゅうタンの体重は、五十kgをきり、やっと五十二kgまでもどってきたところ。なかなか太れませんね、食べる量も少なくなって。でも、そんな無理して太らなくてもいいんじゃないかと思うようになったの。本人の体調がいいみたいだし。数字にとらわれてしまうのはよくないですね。

（二〇一四年七月）

【ソーセージの塩分を抜く方法】

ソーセージを縦半分に切り、水を入れた鍋に入れて火にかけ、沸騰したら火を止め、そのまましばらくおきます。

カルシウムをとる工夫

骨粗鬆症予防に、牛乳を飲んだり、ヨーグルトやチーズなんかの乳製品を食べる人も多いですね。うちではそのまま飲んだり食べたりするのは苦手で、料理やお菓子に使っていますが、グラタンのようなものはこの頃ではあまり食べなくなってきたの。

それで小魚を食べたり、大豆や納豆、豆腐を食べたり、カルシウムの錠剤を飲んだりして補って。

それと、太陽にあたることも大事なの。カルシウムの吸収を助けるビタミンDが、陽にあたると体内でつくられるというので。歩いて体に適度な負担をかけることも大切だと聞きますね。もっとも畑で毎日作業をやっていれば、そんな必要もないですけど。寝て、動いて、食べて。そういうことをちゃんとしているから、元気なのかもね。

（二〇一四年十一月）

かぼちゃのスープ

色のある野菜がない時季、何を食べてもらったらいいかって悩みますね。かぼちゃは栄養もあるし、スープなら食べやすいだろうと思って、この頃はよくスープをつくります。煮ものだと箸をつけませんから。男の人はかぼちゃのボソボソとした感じが得意じゃないのね。

おでんは好きだけど、薄味のおでんはおいしくない。ステーキも塩がきいてないとおいしくない、という人だから、しゅうタンは。誰にも好きな味があるでしょ。でも、とにかくいまは塩分を控えないといけない状況だから、がまんしてもらって。

減塩するようになってからは、私も一緒に同じものを食べているんですよ。そうすると、こうした方がもっとおいしく食べられるんじゃないかと、何かしら些細なアイディアがわいてくるの。かぼちゃのスープも、最初につくったときより、いまのほうがおいしくなったと思う。かぼちゃのほかに入れるのは、牛乳と無塩バター。ピリッとするのは粒胡椒。粗びきの胡椒をきかせると、かぼちゃの甘みが引き立つみたい。

娘たちにも同じものを出して食べてもらうの。食卓に塩を用意しておいて、味が足りなければ各自で足してもらって。近頃は「まあまあだね」って、娘たちもそのまま食べるようになりましたけど。

（二〇一四年十月）

汁ものは具だくさんで

食事のときはなるべく、けんちんみたいな、味のないものを先に食べてもらうといいのかなと、いろいろ考えますよ。

けんちんは昔から好きでよく食べていたけど、いまとは違うもので。こんなにいろいろな野菜を入れてなかったし、味も濃かった。いまは赤だしを使わず、白味噌を少しだけ。減塩用のさじに一杯くらいだから、かなり薄いですよ。

栄養士さんから、「一日の塩分は五gまで」と言われているの。健康な男の人で八g、女の人は六gが目安というから。濃いめの味噌汁だと、もうそれだけで五gというから、使える味噌はごくわずかですね。

それで、なるべく具をたくさん入れると素材からも味が出て、塩味にたよらなくても満足感が得られますからと。必然的にけんちんのような汁ものが多くなりました。よくだしが出る素材、豆腐、油揚げ、ごぼう、にんじんとか、そういうものを入れて。

大根やにんじんなどの野菜は食べやすく小さく切っていましたけど、しゅうタンが拍子木切りくらいの大きさでも大丈夫だよっていうから、この頃は少し大きめで。野菜からにじみ出てくる甘みで、具だくさんの汁ものはおいしいんですよ。

（二〇一四年四月）

貧血予防のために

「いまの平穏な日々はほんとうに、いいねえー、母さん」と、しゅうタンがしみじみ言うの。二十日間の入院中、いつどんな検査をするのか、精神が常に不安だったでしょ。検査が終わって病室に戻ってくると、血圧がストンと下がって貧血状態になってしまって。

退院後も最初のころは、二週間おきの病院通いで採血していたし。だから私、「こうやってひんぱんに血をとって検査することで、主人が貧血ぎみになることはないですか?」って、先生にまじめに質問しちゃって。「そんなことはないと思いますよ」と笑われちゃったんだけども、まあそれくらい、私もなんだか必死だったのね。余裕もなくて。

貧血ぎみの数値結果を見て、じゃあ、鉄分を補うための食材は何かを調べて、その食材を使って料理をつくりました。よくつくったのは、レバーのバター焼き。調味料をほとんど使わず、おいしく食べられます。赤味の魚、まぐろやかつおなどの赤身の魚にも鉄分が多く含まれるので、手巻き寿司にしたり。刺身に飽きると、まぐろとねぎをさっと煮たり、かつおはたたきや竜田揚げにしたり。

あと、ひじきと牛肉を一緒に煮て。どちらも鉄分が多い食材ですよね。枝豆にも鉄分が含まれ、あさりと相性がいいらしいからと、食事で一緒に食べるようにしてみたり、まあ、とにかくいろいろと。

「お母さん、いろいろやっているわねえー」って娘にも感心されたけど、私のことだから大ざっぱよ。確実に老いは進んでいるし、体の器官も弱くなってきているから、薬に頼るよりも、口に入れるもので治したいと思ってやっているの。

（二〇一四年七月）

【レバーのバター焼き】

材料　レバー、無塩バター

◆作り方

1　食べやすい大きさに切り、沸騰したお湯でゆがいてくさみを取ります。表面が白っぽくなったら、ざるに上げて水気をしっかり切ります。

2　フライパンにバターを溶かし、レバーの表面を焼きつけるように炒めていきます。

メモ：食べやすいようにバターの風味をつけました。

だしのこと

減塩をするようになって、とにかく、だしをたくさん使うようになりましたよ。だしをきかせて、調味料をなるべく使わずにしようと思うから。

うちでは鰹節、昆布はもちろんのこと、貝柱や鶏手羽、海老の頭なんかもよく使ってだしをとります。

以前は沖縄から送ってもらっていた鰹節を、しゅうタンがカンナで削って、それを使っていたの。削るのは大変だけど、その手間ひまも味のうちだって、本人は楽しんで。でも、いまはそれじゃ間にあわないほど、たくさんの量を使うから、伊勢神宮でも使っているという〝波切節〟と呼ばれる鰹節に替えたんですよ。削られて真空パックにされたものを。なんでも鰹節より、波切節の歴史は古いんですって。

それと昆布は、福井の奥井海生堂のものを。この前、ご贈答用をうっかり買ってしまって。値段も高かったけど、味もぜんぜん違う、ああ、それくらい差があるんだなって、あらためて思いました。お店の人がワインと一緒で、熟成させると味わいがよくなるって。三年寝かせたら、もっと変化するそう。

鰹節も寝かせておくと脂が分解されて、すっきり澄んだ味になっていくといいますから。枯れ節と言うくらいですからね。

うちでは水二ℓに対し、昆布三十ｇぐらいの目安で使う。ふつうより、やや多めかもしれませんね、濃く出したいから。料理屋さんでいただく汁ものがおいしいのは、上等の鰹節と昆布を惜しげもなく贅沢に使っているからなんでしょうね。だからお値段もそれなり。一流と言われる店ほど、そうやって目に見えないところに手間ひまをかけているんだろうなって、だしをとりながら思います。

（二〇一四年三月）

〈一番だし〉

だしをとるときには利尻昆布を一晩水につけてから、火にかけるの。いままでの料理書には「昆布は水につけておいて沸騰する直前で引き上げるように」と書かれているけど、このごろは、「しばらく煮てください」と書いてある本もあって、私は沸騰したら弱火で三十分くらい煮ています。昆布の味がよくしみ出て、そこに削り節を入れて火を止める。これが一番だしで、削り節が沈んだら静かにビンに移して。漉さずに、そのままですよ。少しくらい削り節が入っても気にしない。使うときは上の澄んでいるところを使えばいいと思って。

一番だしのとり方

1　鍋に水2ℓ、昆布30ｇを入れて一晩水につけておきます。
2　火にかけ、沸騰したら火を弱くし、30分ほど煮ます。
3　削り節ふたつかみを入れて、火を止めます。そのまま置いて削り節が沈んだら、静かに保存びんに移します。

利用法

・湯引きした野菜のおひたしに。お吸い物、味噌汁などの汁ものに。

〈二番だし〉

一番だしを煮た鍋に（残った昆布、削り節は入れたまま）、水を加えて火にかけます。煮立ったら火を弱くしてコトコト一時間くらい煮る、これがうちの二番だし。これも漉す、漉さないは自由ですよ。

二番だしのとり方

1　一番だしをとった鍋に水を足し、一時間ほどコトコト煮て火を止めます。

2　そのまま置いて冷めたら、静かに保存びんに移します。

利用法

・筑前煮、野菜の煮物など。

〈貝柱、海老の頭と殻、鶏手羽のだし〉

それぞれ甘みや風味、濃度も違うから、これはおでんのだしにしたり、ソースにしたり、和風洋風と万能に使えますよ。

だしをとったあとの具材は、庭のコンポストへ。もったいないと手羽を煮てみることもあるけど、もはや出がらしみたいでおいしくない。昆布も、佃煮をつくる方法が紹介されているけど、一時間も煮ればこれも出がらし。コンポストで落ち葉と一緒に一年寝かせて、畑の肥料として循環活用できればいいかと思って。

貝柱は生でも干したものでも、すごくいいだしが出ます。濃厚だけど、くどくない味。だしをとったあとは、これは状態によって炊き込みごはんに入れたりすることもあります。

貝柱、海老の頭と殻、鶏手羽のだしのとり方

1　鍋に水2ℓ、海老の頭（ある分だけ）、帆立の貝柱（目安は水1ℓに対し6個くらい）、鶏の手羽（ある分だけ）を入れて火にかけます。

2　沸騰したら火を弱め、出てきたアクをていねいにすくい取り、途中、水をつぎ足して30分ほど煮ます。

利用法

・コクとうま味が強いので、おでんのだしに。二番だしと合わせて使うこともあります。

万能だし

・二番だしと、海老と貝柱のだし（各50g）、みりんと日本酒（各適量）、あごのだし醤油（あれば50㎖）を合わせて使います。

利用法

・濃い味わいなので、だし巻き卵、茶碗蒸しなどに加えます。

ちょこちょこと、毎日食べてほしいもの

その1 白魚のオーブン焼き

料理というほどのものではないわよ、白魚をオーブンで焼いただけだから。しゅしっかり火を通すとパリパリと香ばしくて、魚を食べているって感じがあまりしないの。しゅうタン、おせんべいが好きだし、これなら手をのばしやすいかなと思って。小皿に盛って、ほかの料理と一緒に並べておいて。カルシウムやミネラルの補給になるし、こういうものは、毎日ちょこちょこ食べてもらいたいと思って。カルシウムって、吸収されにくい栄養素だって言うでしょ。

減塩の食事を続けていると、塩に対して舌が敏感になるのね。この頃は大きい魚でも、小さい魚でも、海で泳いでいるものは、魚の身に海水がしみ込んでいるんだなあと感じる。煮干しも、そのままかじってみるとかなりの塩気を感じますよ。

あと魚にはアミノ酸がたくさん含まれているから、何も味をつけなくても、うま味がある。炙ったたたみいわしを口に入れて噛んでいると、どんどん味があとから出てきて、この白魚もそうで。

この辺（駿河湾）は地物の質のいい白魚が獲れ、魚屋で見かけると買ってくるの。だけど食べ

方の方法が、卵とじくらいしか思い浮かばない。ほかにおいしく食べられる料理法がないかと、オーブンで焼いてみたのがはじまり。
そのまま焼いてもいいですけど、うちでは水に浸して塩分を抜いてから焼きます。二、三度さっと水を取り替えたら、お酒をふって。
お魚をあまり進んで食べないしゅうタンでも、これなら抵抗なく食べているから、よかったと思って。子どものおやつにも、これはいいんじゃないかしらね。

【白魚のオーブン焼き】

材料　白魚、酒

◆作り方

1　白魚を水に浸して、塩分を抜きます（塩分が気になるなら、二〜三回水を取り替えてください）。
2　ざるに上げて水気をよく切り、酒をパッパッとふりかけます。酒をふることで、生臭さがおさえられ、白魚の味もよくなります。
3　白魚を天板に平らに並べます。適当な隙間が空くくらいに。
4　中温のオーブンで焼きます。様子を見ながら、裏表を返して水分をとばし、パリッと。

ちょこちょこと、毎日食べてほしいもの

その2　桜海老の佃煮、田づくり

「生の桜海老でつくったんですか？」って聞かれるけど、乾燥の桜海老で佃煮をつくったの。しゅうタンが毎朝食べるおかゆに、この桜海老の佃煮を添えたら「味がいい」と気に入って、以来、欠かさずつくるようになって。乾物だからでしょうね、ほんのりとした甘みがあって、うま味がとても強い。干し椎茸も、生より干したほうが味わい深くなるのと同じ感じ。

乾燥したものをそのまま食べてみると、かなり塩がきいているのがわかります。うちでは水にさっと浸して、お酒とみりんで煮ます。塩分といっしょにうま味も抜けていくから、浸すのはさっとで。塩分を気にしない人はそのまま煮てもいいです。

桜海老が獲れるのは国内では駿河湾のみ、台湾の海でも獲れるようですよ。私は駿河湾の素干しで、形の崩れていないものを選んで買います。やっぱり素材の見た目は大事で、きれいなものは味のハズレも少ないみたいですよ。

【桜海老の佃煮】

材料　乾燥桜海老、酒、みりん

◆作り方

1　桜海老を水にさっと浸します。

2　ざるに上げて水気を切り、鍋に入れます。酒、みりんを加えて火にかけ、煮立ったら火を弱くして、汁気をとばすよう、途中箸で混ぜながら煮ていきます

田づくりはお正月に食べるものだけど、うちは年中。こういうものは体をつくるものだから。三十年以上つきあいのある名古屋市内の八百屋さんから十袋くらいまとめ買いをして、冷凍しておくの。食べるとき、凍ったままフライパンでさっと煎って、調味料をからませればできあがり。一週間で食べきれるくらいの量をラップに包み、また冷凍しておくの。娘たちにも常備菜としてよく送るんですよ。

【田づくり】

材料　じゃこ、酒、みりん

◆作り方

1　じゃこをフライパンに入れて弱火にかけます。フライパンをゆすりながら、ゆっくりと煎っていきます。

2　カリカリになってきたら、わずかな酒、みりんをパッパッとふりかけて、また少し煎って火を止めます。

メモ：じゃこによって塩気の強さが異なるので、まず、そのまま食べて塩味を強く感じるようなら水に浸し、塩出しをしてから。

ちょこちょこと、毎日食べてほしいもの

その３　昆布の佃煮

昆布はミネラルが豊富で滋養がありますから、いつも佃煮にして常備しておきますね。箸休めにいいし、おかゆに添えることも多いです。わずかでも塩気のものがあると食欲もわいて、おいしく食べられるかなと思って。

昆布の大きさが一定でしょ？　しゅうタンがはさみで切ってくれました。昆布の佃煮をつくるときは、毎回お願いするの。私ならこうはいかないけど、切り方ひとつにも几帳面でていねいな性格が出るんですね。

佃煮にするなら昆布は厚みのあるほうが、ふっくらと仕上がります。うちは、だしをとる利尻昆布を使って。切るとき、ひと苦労すると思いますよ、硬いから。

切った昆布は半日以上水に浸しておいて、貝柱を加えてコトコト炊いていきます。あとから酒とみりんを加えて。貝柱から出るだしで、昆布はおいしくなるし、貝柱も昆布のだしでおいしくなっていく。

これは三日ほど煮たものですよ。ごはんの準備をするときに火を入れて、しばらく煮て火を止めて冷ます、それを毎日くり返して。一気に煮るより、数日かけて煮たほうが味わいも豊かにな

るんじゃないかしら。滋味深い、こういうものが体を守ってくれると思うの。じんわりと体にしみわたっていく感じね。

【昆布の佃煮】

材料　昆布、貝柱（生：なければ乾物）、酒、みりん

◆作り方

1　昆布は1・5㎝角くらいにはさみで切ります。
2　土鍋に切った昆布、水を入れて半日以上浸しておきます。
3　土鍋に貝柱を加えて火にかけ、沸騰したら火を弱くし、酒とみりんを加えてやわらかくなるまで煮たら火を止めます。
4　翌日、再び火にかけ、少し煮てから火を止めます。二〜三日、これをくり返しながら煮あげていきます。

メモ：昆布を水に浸しておいて、やわらかくなったところで、包丁で切ってもいいですよ。

いいお酒をたくさん使う

塩を控えるようになってからは、日本酒を料理にたくさん使うようになりました。昔は特級、一級、二級の級別の分類しかなかったのに、いまはたくさんの商品を、どこの酒蔵さんも出すようになったでしょ。世の中の動きに合わせて、造り酒屋もくるくる対応していくのはえらいことだなと思います。売れるものをつくらないといけないからね。お酒は飲んでおいしいものを使うと、やっぱり料理もおいしくなるみたいです。

ちょこちょこと、毎日食べてほしいもの

その４　ごまと落花生

菜っ葉類は、時季問わず、いろいろなものを蒔いていきます。直蒔きして、ワアーと出てきたところで、間引きしながら大きく育てていくの。間引きした菜っ葉は捨てずに食べちゃう。やわらかくてね、ごちそうですよ。おひたしや和えものに。炒めてもいいし。ひょろひょろだけど、こういうものは成長していくパワーが秘められているから、体の中にとり入れると力になる感じがしますね。年中、何かしらの青菜をこうやって食べているから、元気でいられるんだと思うの。

和えものにするときは、ごまと落花生で。煎っておいたごまと落花生をすり鉢であたって、そこにひとさじ醤油をたらして、できるだけシンプルに。

ごまは、金ごま。落花生は、千葉産の新ものが秋口に出回り出したら、それを一年分まとめて買っておくの。生だから殻を割って実を煎って。それからすり鉢で粗くあたって、小分けで冷凍もしくは冷蔵庫に入れておきます。長く保存するなら冷凍庫に。毎日使う分も私は冷蔵庫に入れて。油分が多いから多少でも劣化が防げればと思って。

ごまや落花生は、体にいい栄養素がいっぱい、こうやって毎日欠かさず食べるようにしているんですよ。三つ葉、つる菜、かいわれ、正月菜と時季によって野菜は変化します。少しクセのあ

る野菜でも、落花生のコクでおいしく食べられて。今朝は、つる菜を摘んできてつくりました。

梅を漬ける

こうやって家の畑になった梅を漬けるようになって三十年以上、私もそれだけ歳をとったということよね。自分の歳を意識したこともなかったけど、この頃は「よっこらしょ」と口にしないと動けなくて、「歳をとったんだなあ」と思う。

梅仕事は重石をのせたり、かめを動かしたりするから、けっこうな力が要るの。いまのところ十kgまでは持てるけど、腰を痛めると困るから無理しないよう、用心しながらの作業ですよ。

梅干しにするのは黄色く熟れた梅。いちばんいいのは、熟して自然に落ちた梅だけど、やや黄色くなったら手でもいで、熟れるのを待って漬ける。手が届かない上のほうの梅は、地に落ちたのを拾って。甘酸っぱいなんともいえない匂いがそこいら一帯に漂って、蟻や蜂なんかがたくさん来ていますよ。そんな中、毎日しゃがみ込んで。

子どもの頃、梅を漬けるときは一家総出で梅の収穫をしていました。うちの梅の木は少し離れた菜園にあったので、私や兄は自転車で。母は体を悪くして長い距離は歩けなかったから、リヤカーに乗って自転車でひっぱってもらって。ねえやも一緒に。

実家で漬けていたのは、かなりの量の塩をふって漬けていたから、それはしょっぱかったですよ。梅干しを見ると唾が出てくるのは、その記憶があるからでしょうね。

青梅は一晩水に浸けてアク抜きしてから。熟した梅は、長く水に浸しておくと皮がフワフワになっちゃいますから、軽く洗う程度でざるに上げて、水けが切れたら塩をふって瓶（かめ）に漬け込むの。

通常、梅干しは十二〜十五％の塩で漬けますけど、うちは八％。しゅうタンが減塩中だから今年は五％で漬けてみようかと思って。かなり塩が少ないからカビがこないよう、毎日瓶の中の梅を上下、入れ替えるようにして空気を入れないといけなくて。こういうものこそ手間暇かけないとよく漬からないから、手は抜けませんねえ。

毎日、拾ってきた梅の総量を計って、五％に相当する塩をふって、どんどん漬け込んでいくの。この瓶ひとつに十キロくらい。三つに分けて漬け、土用干しをしたら娘たちにも送るんですよ。

書庫のそば、畑の角に四本の南高梅と、一本の小梅を植えてあるんです。先に二本植え、三〜四年後にまた二本植えて。どの木も枯れず、よく根づきましたね。ブルーベリー、レモン、ライム、いろいろな種類の苗木をたくさん植えてきても、消えていく木のほうが多いくらいだから、梅の木は強い。

「桃栗三年、柿八年、梅は酸い酸い十三年」と言って、実をつけるまでにかなりの年月を要するの。じっくり時間をかけて、その風土になじんでいくんでしょうね。でも、いまは挿し木や接ぎ木してある苗木だから、実がなるのも早いんだって。私たちの暮らしを見て家庭菜園をはじめた珈琲店の人が、梅を植えてまだ二、三年だけど、今年はじめて実がなりましたって知らせてきたの。世の中、何もかもスピードなんだなあって驚いたんだけど。じっくりなんていってられない時代なのね、いまは。

桜切るバカ、梅切らぬバカと言うんで、毎年、しゅうタンが梅の木を剪定しています。収穫を終えたタイミングで不要に伸びた茎や枝を切ってくれて。ピューと出たのを切っておくと、また来年実をつけてくれるからありがたいですよ。一粒の梅の実が、家族みんなの健康を担ってくれる。

（二〇一三年六月）

【減塩梅干し】

材料　梅、塩（梅の総量に対して5％）、赤じそ

◆作り方

1　黄色く熟した梅を、水洗いします。表面に傷がつかないよう、やさしくなでるように洗ってざるに上げ、そのまま自然乾燥させます。

2　保存容器を洗ってから熱湯をまわしかけ、乾かしておきます。

3　容器に梅を入れ、塩をふって漬け込んでいきます（少ない塩で漬け込むので、カビが生えやすいです。毎日、上下にひっくり返して空気にふれさせること。梅酢が上がり、梅全体が汁につかるまでこの作業を続けてください）。

4　赤じそは水洗いして葉を摘み取ります。ボウルに入れて少量の塩でよくもみ、出てきた黒い汁はアクなので捨てて、再び少量の塩でもみます。汁がきれいな色になるまで二、三度繰り返したのち、梅と一緒に漬け込みます。

5　土用の日がきたら梅、赤じその汁気をきってざるに並べ、三日間天日干しをします（夜露にぬれることで皮がやわらかくなるので、夜も取り込まず、外に出しっぱなしのままで）

メモ：赤じそも土用干しで干し、カラカラに乾燥したら、すり鉢ですって、ゆかりにし、ビンに入れて保存します。

・梅酢は一度火にかけてから保存ビンに移します。この梅酢を使って新生姜を漬け込むとおいしいですよ。

〈青梅の醤油漬け〉

半田の実家で、青梅を醤油で漬けていたことを思い出し、いつの間にか自分でもつくるようになったの。小ぶりの青梅をびんいっぱいに入れて、醤油を口いっぱいのところまで注ぐだけだから、なんのことはないの。あとは静かに寝かせて、一年たったら調味料として使っていきます。毎年十本くらいつくっておいて、人にさしあげたり。

醤油は、できれば昔からの製法でつくっている醤油で漬けたほうがいいですよね。梅のエキスが醤油と混ざりあい、なんともいえない味わいに変化します。

できあがった青梅の醤油漬けは、魚を煮るときに加えると生臭さが薄れて味わいよく、すっきりと仕上がります。また佃煮のようなものに加えれば、梅の酸の効果で日持ちもよくなって。酸味が強いので、入れすぎないように注意してくださいね。

【青梅の醤油漬け】

材料　小梅（青梅）、醤油

◆作り方

1　小梅は一晩水に浸けてアク抜きし、ざるに上げて水気をしっかり切ります。

2　煮沸消毒した保存ビンに小梅を入れ、醤油をびんの上まで注いで蓋をします。一年間そのままで寝かせ、料理に使います。

らっきょう漬け

塩を使わず、酢でらっきょうを漬けてみたら、予想以上においしくてびっくりしたんですよ。しゅうタンもこれは気にいって。「塩が入ったものは、ツンとしたお酢の感じがするけれど、これはあまり感じないからいいね」と、娘たちからも評判は上々で。

さっぱりとした感じ。はちみつも入れて。分量をきちんと量っていないから、どれくらいと聞かれると困るんですけど、はちみつは気持ち多めくらいのほうが食べやすいと思います。味覚は人それぞれですから、自分の口に合うようにまずはやってみて。試行錯誤でつくっていく過程も、手作りの楽しさにつながっていきますから。

冷蔵庫で保存すると、らっきょう独特のシャキシャキ感を長く楽しめます。

【らっきょう漬け】

材料　らっきょう、はちみつ、米酢、

◆作り方

1　らっきょうの外皮と根を取って、水洗いをします。

2　ざるに並べて熱湯をかける。水気が切れたら保存ビンに入れ、はちみつと酢を注いで漬けます。らっきょうの大きさにもよりますが、親指大なら一週間以上おけば食べられます。

レモンのはちみつ漬け

（ピンポン！）はーい、宅急便だわ。（伝票に印鑑押して、荷物を置いてもらう）ご苦労様でした。

レモンとみかんが届きました。うちにもレモンの木があったけど、枯れちゃって。ときどき、今治（愛媛）の有機農家から箱で取り寄せるの。「箱買い」と思うかもしれないけど、朝のジュースに入れたり、料理やお菓子に使ったりするから、二人でもこれくらい消費しちゃう。こういうものは、まとめて買ったほうが得だったりもするから、いつも箱買いなの、うちでは。

これから北風が吹くようになりますから、レモンのはちみつ漬けをつくろうと思って。紅茶を飲むときに入れると、風邪予防になって体も温まるし。夜、勉強で頑張っているはなこにも送ってあげたかったから。

無農薬栽培のレモンなので、皮つきのまま使います。厚さ5㎜の輪切りにして、はちみつを加えて漬けておくだけなの。数日でレモンのエキスがにじみ出て、どんどんスプーンですくって使っていくうちに少なくなったら、はちみつをまた継ぎ足しておけばいいんですよ。レモンにもハチミツが十分にしみ込んだら、そのレモンをオーブンで乾燥させて、お菓子に使ってみようかなと考えているところ。うまくいくかしらねえ。フフッ、こうやってそんなことを考えているのが楽しい時間。

【レモンのはちみつ漬け】

材料　レモン、はちみつ

◆作り方

1　水でよく洗い、5㎜厚さに切ります。

2　煮沸消毒した保存ビンにレモンを入れ、レモンが完全につかるくらいまではちみつを注ぎます。ときどきビンを大きくゆすってレモンとはちみつを混ぜ、二、三日後から飲めます。お湯、または炭酸で割ってどうぞ。

小豆を煮る

日曜日は小豆ご飯を炊くんですよ。

昔の東京では、一日と十五日は小豆ご飯を炊く習慣があったんですって。お義母さんと一緒に住んでいたとき、その習慣にならって月二回、小豆ご飯を炊いていました。そんな昔のことが懐かしくなり、この頃、小豆ご飯を炊くようになって。

そのつど小豆を煮るのは大変だから、冷凍庫に小豆ご飯用に少し固めに煮た小豆を常備しておくの。

土鍋に小豆と水を入れて炊き、一、二回渋抜きをします。渋抜きっていうのは、煮立ったら煮汁を捨てて、あたらしい水を入れてまた煮るの。薄皮がはじけてしまわないよう、ていねいに入れ替えて。煮汁に色がついて豆もやわらかくなってきたら火を止めて冷まし、一回分ずつ保存容器に入れて冷凍に。豆だけでなく煮汁も一緒に。この煮汁でご飯がほんのりと色づきますから。

前の晩に冷凍庫から出しておいて、翌朝、お米に加えて炊きます。しゅうタンは小豆ご飯だとよく食べるから、嫌いじゃないのね。だけど、あんこのような甘いものは、あんまり好んでは食べません。お茶の時間に、何か食べられるものがあればと思って。おまんじゅうをつくったりするけど、すすんで口にはしないわね。

【水ようかん】

材料　糸寒天1本、黒砂糖またはてんさい糖100g、こしあん200g（砂糖の量による）

◆作り方

1　糸寒天を水に浸します。しばらくおいて手で絞り、鍋に入れ、水500〜600㎖を注ぎ、火にかけます。

2　混ぜながら煮て完全に寒天が溶けたら、こしあん、黒砂糖を入れて溶かし、型に流して冷やし固めます。

カステラ

和菓子をつくるときは、この本（『やさしくつくれる和菓子の手引き』ひかりのくに実用文庫・一九七七年刊）をまず見るの。ずいぶん古い本よ、ほとんどの和菓子はこれに載っているから。和菓子って蒸すか、焼くか、固める、だものね。シンプルではあるけど、その微妙な加減がむずかしくて面白いの。くり返し作っていると、だんだんわかってきて。

この本のよさは、あまりいろいろ書いていないところ。いまの本はややこしいのよ。電子レンジを使ったりとか。この本はレンジが出る前のものだから、それが私にはよくて。自分で考えられるし。ページをめくって、こんどはこれをつくってみようかとか、訪ねてくる人の顔を浮かべたり、いろいろ想像して。

今日はカステラを焼こうと思って。ここで紹介されている作り方と同じようにしてつくるの。卵と砂糖を合わせてミキサーにかけます。空気を入れながらゆっくり攪拌していくと、倍以上に生地が増えますよ。よく泡立てたほうが生地の膨らみはいいですね。そしたらふるっておいた粉を混ぜて、型に流してオーブンで焼くだけ。

この木の型はしゅうタンがつくってくれて、カステラ専用。天板がちょうど蓋になるサイズにつくってもらって。何度も使っているから、木も焦げついてる。材料を揃えて、作業をはじめてしまうと、あとは簡単なのよ。

このミキサーで、スポンジケーキ、シフォンケーキもつくります。二十年以上前に買ったもので、アタッチメントを変えると、肉をミンチに挽いたりもできるんですよ。
お菓子屋さんは、よほど好きでないと仕事にはできませんね。私はお客さんがいらっしゃって、たまに焼くから楽しいの。

【カステラ】

材料・20×20×4㎝の木箱1個分

A（砂糖250g、卵6個、はちみつ大さじ1、水大さじ1）、ふるった薄力粉120g

◆作り方

1　木箱に合わせてオーブンシートを切って、貼りつけます。

2　ボウルにAを入れてミキサーでよく泡立てて、小麦粉を混ぜます。

3　木箱に2の生地を流し、天板で蓋をして、180度に熱したオーブンで焼きます。

4　5分後オーブンから出し、底の方から全体をぐるっと混ぜて泡切りをします。5分ごとに泡切りを3回して、天板の蓋をはずし、30分ほど焼きます。竹串を刺して、何もついてこなければ焼き上がり。冷めて生地がおちついたら切り分けます。

『やさしくつくれる和菓子の手引き』ひかりのくに実用文庫から　一九七七年

メモ・・お菓子は、うちではてんさい糖を使いますが、カステラは、グラニュー糖と白砂糖を使います。てんさい糖だと上手に焼けないんですよ。

なんでもかぼす

みんな、びっくりしますよ、うちのかぼすはとても大きいから。果汁も、ものすごく多いし。こうやって黄色く熟すまで、木にならせておくと、酸味がまるくなって味がよくなるって、植木を扱う人が言ってました。ずっとそのままおくと木に負担がかかって弱る、それで、まだ青くて、酸っぱいうちに収穫しちゃうんですって。

うちのかぼすは、毎年たくさんの実をつけますよ。特別、何をしているわけでもないの。生ごみと落ち葉を層にして一年寝かせた腐葉土を、木のまわりにのっけるだけ。土と混ぜたりもしない。雨風にあたりながら、自然に養分がしみ込んでいくようにと思って。ほかの果樹、栗やフェイジョア、甘夏も、同じように木の根元に腐葉土をのっけて。

甘夏は一本の木に二百個くらいなるから、二十個くらいずつ箱に入れてみんなに送るの。あと、うちへ来た人のお土産にもさし上げたり。かぼすなんかも消費しきれないから混ぜて。だけど去年からしゅうタンが減塩するようになって、かぼすはうちで全部使うようになりました。

焼いた干ものに絞ってかけたり、ドレッシング代わりにサラダにかけたり。この頃は、毎朝食べるめかぶの酢の物の味つけにも使って。ご飯に直接絞れば、酢飯のようにさわやかな酸味でいただけるし、ちょっと塩がほしいときの代わりとしても使えるので、ほんと重宝しますよ。

私以上にしゅうタンが、かぼすを気にいって使ってくれるからよかったですね。剪定したり、札をかけたり、ときどき木に声をかけたりして見守ってきたという思いも、そこには加味されているんだと思うの。買ってきたものじゃないから。こうやって手をかけて育てた自然の恵みを、毎日、体に取り込めることはなにより幸せなことだなって、感謝しながらいただきます。

（二〇一四年十一月）

土鍋信仰

寒くなってきたから、今日はおでんにしましたよ。いろいろ煮込むと、素材からのいろいろなだしが出ておいしくなるでしょ。

海老、いか、ほたて、大根、にんじん、こんにゃく、卵に、あと、じゃがいも。

しゅうタンが「うちで採れたじゃがいもを入れて」って。ホクホクだから汁がよくしみ込んでおいしいって。油揚げのきんちゃくの中には、鶏のつくねと銀杏。練りものもあるの。しゅうタンは練りもの好きでしょ、だからそういうものも。

昨日の午前中は郵便局、午後は名古屋まで買い物に出かけたから、その前の日につくり始めた。こういうものは煮て冷めていくとき味が入っていくから、長い時間グツグツ煮込まなくてもいいの。

うちの土鍋の底が、黒くなっちゃってね、使い込んできたから、洗ってもとれない。これは伊賀の土鍋、一般の土鍋と比べると底が深いみたい。形もちょっと独特で。熱が底から全体に伝わって保温性もあるから冷めにくい。まあどこの土鍋も冷めにくいものだけど。

伊賀の土鍋は、ソニーが通販をはじめたときに買ったから、ずいぶん昔ですね。カタログで長谷園の土鍋を見て、ピン！ときて。

というのは、ソニーを創業した会長（盛田昭夫）さんのご実家は、常滑で代々続く酒屋で、うちも半田の造り酒屋で、同業者どうしのつきあいがあったの。会長さんのお父さんが、よくうちにいらしていたのを覚えている。長男はソニーを創業して、酒屋は次男が継がれて。うちは兄の代で酒屋の看板を下ろしましたけど、盛田酒造はいまも続いていますね。

うちは二百年続いた小さな造り酒屋でしたけど、盛田酒造は、時季にあわせて床の間の掛け軸や花器、器の類をしょっちゅう変えていたんですよ。うちより歴史があるから、器や道具類は代々受け継がれてきたものが、うち以上に揃っていたと思うの。そういうものをふだんから見ていて、目を養っていただろうと想像すると、あの会長さんがやっている会社の通販なら、ぜったい信頼できると思って。

買ってみたら、正解。通販の開設時は、ほんとうにいいものばかり扱っていましたよ。娘の嫁入り道具の多くは、ソニーの通販で揃えたくらいだもの。根来の重箱、陶器、洋食器。毎月一万円ずつ、月賦で買えたのもありがたくて。ひとつの支払いが終わると、次はこれにしようかって、考えながら揃えていく楽しみもあって。

この土鍋とも出会ってよかったですね。うちには大中小の土鍋があるけど、もっと長谷園の土鍋が欲しいなと思うもの。ジャムを煮たり、豆を煮たり。煮物や佃煮、シチューなんかも土鍋でつくるくらいだから。お米もふっくらと炊けるし。冬の時期だけじゃなく、年中、土鍋を使ってほしいわね。こんなにいい道具が台所にずっとしまわれているなんて、もったいないと思うの。

（二〇一四年十二月）

ある日の会話

しゅういち　英子さんの握るおにぎりは、固さが微妙だね。娘も、いつもお母さんのおにぎりはおいしいって、食べるもんね。シューマイも、英子さんがつくるのは、ふわっとしてて、やわらかい。

英子　きつく握れないのよ。それにしても、塩味控えめの料理を、よくがまんして食べましたよね。血圧も下がってよかった。

しゅういち　物足りなさはないよ。いつも、おいしいと思って食べているよ。……少し食べてみるか、栗おこわ。

英子　少しでも召し上がれ。食べれば血になり、肉になる。

しゅういち　（もぐもぐ、もぐもぐ）……ああ、おいしいね。

英子　塩を減らして一年半になるでしょ。昨日のスープも、何も入れなかったけど「おいしいね」って言ってくれるから。いままで、おいしいなんて言葉はなかったからね。

しゅういち　そうかね……、とにかくよく噛んで、時間をかけて食べるようになったね。

あしたも、こはるびより。
おうちは、いいなぁ。

魚周
maruei

栗まんじゅう

私がまだ三つか、四つの頃、夏と冬に湯治場に行っていたの、母と弟と私の三人で。兄たちは学校があるし、歳も離れていたから来なかった。ときどき父が二、三日泊まりに来るんだけど、温泉宿では何もやることがなくて、とにかく退屈だったのを覚えていて。おやつは、そばまんじゅうくらいしかなくてね。味は覚えていないけど、素朴だったと思うわよ。

とにかく母はいつも忙しく働いていたから、唯一、そこで骨休めができたんじゃないかしら。商売は、ほんと大変ですよ。三百石ほどの小さな造り酒屋だったけど、人の対応、家のこと、食事のこともやって、舅、姑がいて二十四時間ずっと気が抜けなかったと思うの。

テレビドラマの『おしん』を見てかわいそう、悲惨とか言うけど、当時はそれがふつうだったと新聞の投書欄に書かれていて、昔の人の苦労はあたりまえだったんだなと思いましたけど。

母は、裕福な実業家の家から二十歳で嫁いで、子どもを六人産んで、四十九歳で亡くなったの。病気のとき以外、昼間は横になって休んじゃいけないと言われて、寝たことなんかなかったけど、慢性腎炎がどんどん悪化して、最後のほうはずっと横になっていました。すごいむくみで、料理の塩分も相当濃かったんだと思うの、当時は。

その母に「女の子はいつもニコニコ!」「いつも、女の子は上機嫌!」と言われて。ふくれっ面をしていたら、いっぺんに怒られちゃう。それが効いているのか、私はいまだに気分が悪くなるということはないですね。ストレスもとくに感じないし。娘に不思議がられますけど。おととい、甘いものが何もなかったから、買ってあった甘栗を細かく刻んで、白いんげんを煮いたものと合わせて、栗まんじゅうをつくったの。お茶の時間に出したら、おいしくないって、しゅうタンが。おいしくないというより、栗の感じがしないっていうの。うちの庭で採れる栗とは違いますね。甘栗だから風味が足りないことは、はじめからわかっていたんだけど。新栗がとれたら、またつくってみようと思います。

【栗まんじゅう】

材料（10個分）　薄力粉１００g、砂糖50g、卵小1個、イスパタ（膨張剤）小さじ⅓、ショートニング大さじ1、あん（白あん、小さく切った栗の甘露煮と合わせて２５０g）、卵黄1個分、みりん大さじ½

◆作り方

1　ボウルに卵とショートニングを入れて混ぜ、砂糖を加えてよく混ぜます。
2　小麦粉とイスパタを合わせて2回ふるって加え、さっくりと混ぜます。
3　2を台に出して軽くもみ、固く絞ったぬれ布巾をかけて10分休ませます。
4　生地を棒状にまとめ、10等分します。あんも10等分してまるめておきます。
5　生地を手のひらでのばし、あんを包み、小判型に形をととのえます。
6　天板に並べ、つや出し用の卵黄をみりんで溶いたものを塗って、１８０度のオーブンで約15分焼きます。

〈利休まんじゅう〉

よく作るのは、利休まんじゅう。作り方がむずかしくないの。生地に炭酸（重曹）を入れてこねたら、こしあんを包んで蒸せばいい。オーブントースターで焼いてもいいですよ。蒸したものを冷凍しておいて、オーブントースターで焼いてもいいし。食べる人の好みで。

お客さんが来ない日は、一種類ずつ、つくるの。今日はこれ、今日はこれというふうにね。お客さんが多いから、ストックしておいてもすぐになくなっちゃうのよ。

【利休まんじゅう】

材料　6個分　A（黒砂糖65g、水大さじ2）、B（重曹小さじ½、水⅓）、小麦粉100g、こしあん150g

◆作り方

1　Aを鍋に入れ、弱火にかけて煮溶かします。

2　Bを混ぜ、①を合わせる。小麦粉を加えてもむように混ぜます。

3　生地がなめらかな状態にまとまったら、6等分します。

4　生地を手のひらでのばし、あんを包み、強火の蒸し器で13分ほど蒸します。取り出して、うちわであおいで冷まし、つやを出します。

ミッドナイト・サンドイッチ

これ、夜中にしゅうタンが食べているサンドイッチなんですよ。中の具はお肉ですけど、きゅうりとハムを入れたり、ポテトサラダにしたり、塩を使っていないツナ缶を入れてみたり、そのときによっていろいろ。

以前はロースが好きでしたけど、赤身のヒレも使うようにして。ポテトサラダには、にんじんとグリーンピース、かにのほぐし身なんかを。茹で卵を入れると味がよくなりますね。

無塩バターをぬった食パンに、具材をはさんで四等分するの。冷凍しても味があまり変わらない具材はまとめてつくって、ラップに一つずつくるんで冷凍庫へ。

病院に入院したとき、娘が差し入れに小さなカツサンドを買ってきたの。病院の食事って味気ないじゃない、だから「おいしい」って、しゅうタンがそれを喜んで食べたのをヒントにつくったのが最初で。

夜中、自己導尿で起きると「お腹がすく」って言うもんだから、小さな一口サイズなら、いいかなと思って。胃の負担を考えるとどうかと迷ったけど、逆に、お腹がすいて眠れないほうが、ストレスになってかわそうかなと。満足感を得られて、またすぅーと眠りにつけるならばね。

夕ごはんの支度が終わったら冷凍庫から冷蔵庫にサンドイッチを移しておいて、食べる前にオーブントースターでチンと焼きます。パンが香ばしくなるでしょ。うっかり焼きすぎると固くなって、口に刺さる感じになるから、そこは気をつけて。

実家では母がときどき、じゃがいもの酵母でパンを焼いていたので、小さい頃からパンはわりと身近だったの。食事というより、おやつの感覚。お腹が丈夫でなかったから、パンが焼き上がっても、それは、〝生パン〟と言って、そのままでは食べさせてもらえなくて。薄く切って、火鉢でさらに焼いて。いまでもサンドイッチとかが好きじゃないのは、いわゆる〝生パン〟だからですね。小さいときのことは、体に色濃くしみ込んじゃっているのね。大きくなっても影響することを考えると、小さいときのことは大事なんだなって思う。

うすく淹れたブルーマウンテンを少しすすって、それでまた布団にもぐり込んで。ぐぅっと深い眠りにはいって朝まで熟睡。私、夜、眠れないことなんてないですよ。

人間って、つくづく順応性があるもんだなあって思います。こんど、しゅうタンが体調をくずしたことで、そう思いました。どんな環境でも、人間は慣れるのね。夜の十時と深夜の二時、二度起きるでしょ。しゅうタンはヨットに乗っていたから、いつ、どこででも寝られるし、起きられる。私はその時間にパッと目が覚めて起きられるかなって心配だったけど、時間になると自然に目が覚めて、またすぐ眠りにつける。

きょうは明けがた、トマトの夢を見ました。収穫まで、まだぜんぜん早いのに、トマトの口がすでにパックリ割れて、どうしょうかと考えているところでハッと目が覚めて。「よかったあ、夢で」と、思いましたよ。今年はトマトの種をたくさん蒔いたから、たくさん採れるといいなと思うんだけど。しゅうタンが生のトマトを好んで毎日食べるでしょ、だから。

（二〇一三年六月）

しゅういちのつぶやき

英子さんは、寝ているあいだも頭の中でいろいろと考えているんですねえー。

僕はご飯が好きだからパンはあまり食べなかったけど、このサンドイッチを食べるようになって、パンも口にするようになりました。三度の食事と二度のお茶の時間。それから真夜中のお茶、ミッドナイト・ティー・タイムがあらたに増えちゃいました。僕はお腹がすくと眠れない性質でね、昔から。

毎日が勝負！

食べもののバランスは一日のトータルで、虹色になるように心がけています。偏らないよう、いろんなものからとるようにして。野菜が七、肉魚が三の割合で。昼にお肉を食べたら、夜は野菜の品数をふやして不足しないようにしようとか、そういうふうに。あまりむずかしく考えませんよ。考えすぎると気が重くなるから。

野菜が好きな人はいいよね。しゅうタンはあまり好きじゃないから工夫をして食べてもらっているんだけど。畑で間引いたやわらかい青ものを、色よくゆがいてごま和えにしたり、落花生で和えたり、ごまと落花生の両方で和えたり、少し味の変化をつけるだけでも、食べる楽しみもあるといいなと思って。

毎月の血液検査で「血はサラサラで、きれいですよ」と病院の先生が言うので、野菜は足りていると思うけど。少しずつ、いろんなものを食べるのはいいことだと思うから品数を多めに。ただ食べすぎてもよくないので、腹八分目くらいで。

いっぺんにたくさんじゃなく、少しずついろいろなものを用意して。偏りをなくし、バランスよく食べるのが一番だと思うから。どんな食べ物もいろいろな栄養素を含み、いろんなものを組み合わせて食べることで、栄養も吸収されやすくなると聞くから。

この頃は四六時中食べることを考えている感じ。調理の方法、味つけ、退院してからは、以前の食事とどんどん変わっていって。どうやっておいしく食べさせようかって、まさに毎日が勝負だと思っているから。

（二〇一四年七月）

しゅういちのつぶやき

自分で野菜を育てていると、お店には並ばないようなものが食べられるのはいいですね。実が入りすぎる前に英子さんが収穫してくれると、やわらかくて、風味も強い。手をかけて育てれば、ちゃんと答えてくれますからね。

つばたさんちのルネッサンス

しゅうタンが入院して考えたんですよ。どうして世の中、こんなに病気になる人がいるのかなって。ストレスが原因ということも大きいけど、やっぱり、食べ方が大きく関係するんじゃないかしら。人間は食べ物をとり込んで、体を形成しているわけでしょ。

退院してから、これまで以上に徹底して、食べることをしっかりやろうって、減塩をいちばんに心がけました。塩が少なくなれば、体のいろいろな臓器もよくなっていくだろうと思って。

それと免疫力を高めるために、食のベースになるものを見直しました。

まず飲み水。「人間の体は十分の七が水。だからどんな水を飲むかが健康のはじまり」としゅうタンが言って。それまでとっていた大手メーカーのミネラルウォーターから、岩手岩泉町の龍泉洞のお水に替えました。たまたま、そこの町長さんが訪ねてみえ、話の延長で龍泉洞の湧水のことになって、試しにとってみたら、すっと体に入っていく感じがして。飲み水とお茶、ご飯を炊くときはその水を使って。

だしをとる鰹節も替えてみました。昆布は利尻昆布と羅臼昆布をひき続き。あと、ほたての貝柱をよく使うようになりました。うま味が強くて、減塩するにはもってこいの食材だと思い。

今年になってしゅうタンが、〈つばたさんちのルネッサンス〉と言って、食べ物を変えたら体も変わったと元気になってきたの。また以前のように、外を元気に動きまわれるようになってよかった。精神的にも、これから！という感じ。「これから、もっともっと生きなきゃ」と二人で思っているもの。入院がひとつの転機になって、なにか変わった。

植物を考えたら、風通しが悪いと病気になるじゃない。人間も生きものだから、植物と一緒。水と空気、食べ物が肝腎だと思うの。体は、毎日入ってくるもので治さないと。薬なんかじゃダメ。だからなるべく多くの野菜をこれまで以上に畑でつくって、自分でできることは、自分でやるように。そうやって続けていくことが大事だと思うのよ。

（二〇一四年三月）

しゅういちのつぶやき

病気と同居という感じじゃないね。やっぱり健康で最後まで自立して生きて、それで百歳になるというんでなければね。

タヒチに行って暮らしが変わったことが第一のショックで、自分が緊急入院をしたのが第二のショック。退院して自宅療養になって、食生活が変わったのが第三のショック。それで自分の意識もガラッと変わりました。決まった時間に自己導尿をするようになって、それに合わせた規則正しい暮らしを続けていこうと。それとやっぱり、英子さんのつくってくれる食事がおいしくてね。よく噛んで食べるようにもなりました。時間をかけてゆっくりと。歳をとってからお腹の悪くなった人は、なかなか健康を保てないっていうけど、僕はお腹の調子はいいもんねえ。まだまだこれからですよ。

昔もいまも、食べるべきものがない

とにかく、戦時中は食べるものがなくて苦労しました。空き地だったところを耕してさつまいもを育て、茎も葉っぱも食べて。毎日、芋ばっかり。そしたら体中におできができて、治るとまた別のところにできる。いわゆる栄養失調状態だったのね。命はつなげたけど、お腹いっぱいになるだけじゃだめだって、自らの体験で痛感しました。

いまは食べ物があふれ、食べることに困らない時代になりましたけど、でも、食べるべきものがないなと、私なんかは思います。なぜか健康を害するようなものもつくられているでしょ。袋の裏を見ると、よくわからないカタカナのものがたくさん書いてあってびっくりすると、子育てをする女の人が言っていました。もうちょっと良心的につくってほしいよね。いつ頃からか、食べものが金儲けの手段になってしまっている感じがする。

しゅうタンが「お金のことを先に考えるところのものは、使っちゃダメだよ」と言っているけど、ほんとね、いまは買って大丈夫かしらと不安になるものが多いでしょ。買う側が勉強して、そういうものに敏感にならないといけないと思う。

私は戦時中、学徒動員で軍事工場に行く途中で空襲にあったの。警戒注意報が流れて、それから解除された。その後、突然、一トン爆弾が軍需工場に落とされ、同級生が半分以上亡くなって。

私は工場に向かう気になれず、みんなと同じ行動をとらなかったことで生き残れました。あのときから大きなものに流されず、自分の勘を信じて生きるようになったの。情報は都合のいいことばかりだから、その裏側に隠れている、ほんとの真実は見えてこない。自分の中で考えることが大事だって思った出来事でした。

食材というのも目の前に見えている様子より、その前のことが大事だと思うの。

肉は部位ごとにカットして売られているけど、その牛や豚や鶏はどんな場所で、どんなものを食べて育ったのか。魚は天然か養殖か、どこの海で育ち、養殖ならエサはどんなものだったのか。野菜も色や見た目、鮮度などの表面的なもので判断しがちだけど、ほんとは育った土壌が肝腎で、そこまでさかのぼって知りたいと私なんかは思う。

近頃は太陽にあたったこともなく、ライトで栽培された野菜だの、土ではなく養分を水で薄めた水耕栽培の野菜、遺伝子組み換えの野菜もある。人間の都合でつくられたものがお店にふつうに出回り、ますます多くなっていくわけでしょ。そんなことを考えると、昔と状況はあまり変わっていないんだなって。戦時中、食べ物がなくて苦労をしたけど、いまは安心して食べられるものを探すことに苦労する感じね。

自分で野菜を育てて、自分で料理をつくることがいちばん安心して食べられるんじゃないかしら。みんながそれをできるわけではないけれど、であれば、私たち消費者の意識を変えていかないと。買わない！って。そういうものを求めなければ、つくらなくなるだろうし。

戦争が終わっても食糧難が続き、どんなお家も庭の片隅を畑にしたっていう話を聞きました。いまさらだけど、あれをそのまま続けられればよかったと思いますよね。（二〇一四年十月）

しゅういちのつぶやき

得体のしれないものを食べていると思うと、怖くなりますよ。だからいいものを。いいものとは、けっして高価なものではなくて、素性のしっかりしたものです。そういうものを食べるようにしたいですね。

いま、大きな企業はテレビとの連動企画ですから、あんまり信用できないですよ。情報を消費させて、お財布のひもをゆるめさせる。

政府の対応、農業政策をみていても、大規模農家、大農集約ばかりでしょ。一人一人の暮らしを、体質を強くしていくという方法がひとつもない。一人一人が強くならないと、世の中は変わっていかない。その一人一人が強くなるための基盤が土地。その土地を大企業が吸いとっちゃった。土地をもう一度、社会のシステムとして取り戻し、自分の食べ物をつくれるような、仕掛けをつくっていくことが大事なんですよ。

器のこと

私は民芸の器が大好きなんだけど、ガラス器に凝っていた時期もあったの。孫のはなこが生まれ、女の子には美しいものをたくさん見せてあげないといけないと思って、キラキラするようなものとかを集めだしたの。はなこがここへ来るたび、できる範囲で食器を新しくして、本人の知らない間に、それを使いながら自然に体に沁み込ませたほうがいいと思って。

娘を育てていた頃は、そんな余裕もなくて、だから余計に。ひな祭りのおひなさまは、しゅうタンがベニヤ板に紙を貼って、マジックインキでお雛さまを描いて間に合わせていたくらいだから。それなりにユニークなお祝いで、楽しい思い出でしたけども。

半田という地域は、常滑、瀬戸、美濃などあまり遠くなくて、実家では黄瀬戸や織部の器が割合多かったですよ。あと藍の染付け、印判の厚手の磁器とか。そういえば昔は、九谷焼の器をいっぱい背負って、家々をまわりながら商売する人もいて、母が気に入るとまとめて買うこともありました。

食器は主役を引き立てるものだって、母はとても大切に扱っていたのを思い出します。母の嫁入り道具の目録には、輪島塗や九谷焼といった器類も書かれてあって、たくさん持ってきたみたい。木箱に大事にしまわれて、時季がくると土蔵から出してくる。そんな様子を私はいつもそばで見て、器やお道具への関心が育ったんだと思いますよ。

自分が着飾りたいとかは思わないけど、器だけは別。結婚して東京に住むようになって、骨董屋さんをよくのぞきに行ったし、名古屋に移ってからは松坂屋にあった民芸店に足を運んで。いつか地方の民芸をつくるところをたずねて行きたいなあと思っているの。でも、しゅうタンは、そういうことにまったく興味がないでしょ……。

これは実家で使っていた九谷の鉢もので、金継ぎをしてもらったんですよ。十客あったのが、とうとう最後のひとつになっちゃった。お友達が一回五百円でやってくれるというので、つい甘えて。このごろはどんな器も金継ぎをしてもらうの。昔の職人さんが一生懸命つくったものを、粗末にできないと思って。

ここ数年、毎年楽しみに買っているのは、干支の箸置き。清水六兵衛さんのもので、素朴だけど洗練されている。小さいものだけど、こういうものが日常の食卓にあるだけで気持ちが違ってくるでしょ。豊かになるというか。

蓋物の器はね、重宝なんですよ。佃煮とかを入れて冷蔵庫にしまえば、そのまま食卓にも出せて。これも民芸の蓋物。食の楽しみは味だけでなく、器を愛でる楽しみもあるからいいですよね。

（二〇一四年一二月）

人のためにやっていることは、自分のためなの

七十歳を過ぎてからですね、この暮らしぶりに興味をもたれて訪ねたいっていう人がよく来られるようになったのは。それで私たち、生かされているなあと思います。これからの時代を生きていく若い人たちの元気をいただくから、まだまだ長生きできるなあって。二人でいたら間がもたないもの。

人が訪ねてくれれば料理をつくって、自分たちもお相伴で食べるでしょ。ふだんつくらないものもつくるし、お話もできる。だからいいの。ありがたいことよ。若い人たちだと、出したものは残さずペロッと食べちゃうものね。フフフッ、しゅうタン、子どもの部分が多いから、みなさんが来てワイワイやっていると、つられて食べられるの。

若い人たちが一生懸命やっているのに、歳とった者がのほほんとしていちゃいけない。次の世代の人のために何かサポートできるようなことをやっていかないと、と思うもの。そうすることで自分たちが元気でやっていけるし、それが自分を豊かにできることだから。そういうことが、生きるってことじゃない。

人にしてあげるとか、そんなエライことは考えない。いつもしゅうタンが言うように、人間として、最後まで自分の足で立って生きることが大事なんだと、私も思うの。

立て続けに人がいらして取材の仕事が続くと、そのときは大変と思うけれど、それが生かされ

ているということだからありがたい。

自分では歳をとったなんて思わないけど、寝ても疲れがとれない、そういうときは歳をとったなあって実感します。でも三、四日かけながらゆっくりと、またもとのペースに戻していくのも悪くない。だからみなさんが来てくださるのは、ほんとにありがたいことなのよ。


（二〇一三年一月）

家庭料理のよさとは

ここで料理のことを書いていると「おかあさん、大ざっぱだから、何が大さじ何杯とか、そういう分量もしっかり書いてね」って娘が言うの。「そんなの無理よ、計りながら料理をつくったことないんだから」と言うんだけど、それでも「おおよそこれぐらい、と目安でもいいから書いて」って。私のやることは大ざっぱだけど、毎日台所に立つ主婦は、いちいち調味料の量を計らないじゃない。

それとたとえば、朝、半熟卵をつくろうとするじゃない。いろいろ作業をしているうちに茹ですぎてしまって、卵が固くなっちゃう。しゅうタンは「茹で卵も、おいしいよ」と食べてくれるけど、もし私の兄だったら「おまえ、何年台所をやっておるっ？」ってあきられるわね。「時間をちゃんと計って茹でれば、いつも同じ状態の半熟卵ができるだろう」って。舌の覚えだけでやっていると、昨日と今日とでは味が違うだろうって。

でも私は、味が違ってもいいんじゃないかって思っちゃうのね。いつも同じ味をつくらなくても。そこが兄の感覚とは違う。いつも同じになっちゃったら、そのほうがつまらないかなって。体調によって感じる味も微妙に変わったりするし、そのときの味覚でいいんじゃないかと思うの。兄はものすごく几帳面な性格で、完璧にできないと嫌だからそんなことを言ったんだと思うけど。

私、結婚するまで、料理をしたことがなかったの。母とねえやが、いつもつくってくれていたから。でも、小さいときから煮炊きする様子とかを、ガラス窓に顔をくっつけて台所の様子を見ていたから、何も知らなかったわけではないの。それで嫁いでから毎日くり返しつくっているうちに、自分なりに少しずつコツをつかんで、幅も広げながらできるようになっていった。

しゅうタンが「不器用で、何もできません」と友人に話していたくらいだもの。いまだって成長過程よ。うまくいくとき、いかないときがいまだにあるけど、それが家庭料理の面白さであり、喜びだと思うの。焦げちゃって見た目は失敗したかに見えても、食べるとおいしかったりすることもあるじゃない。それもまあいいと思うわけ。

それにしても人間ってよく食べるわねー。こうやって朝食べて、十時にお茶して、十二時にお昼、三時にまたお茶を飲んで、十八時に夕食。つくって、食べて、片づけてのくり返しだものね。でも、つくったものを「おいしい」と食べてくれると、こんなにうれしいことはないなって思う。主婦っていいものよ。食べる人を思いやってつくれるのが、家庭料理のよさよね。

（二〇一三年八月）

いつも心はルンルン

料理をつくることで、いつも心穏やかでいられる。私を支えているのは、台所じゃないかなって思いますよ。一日中、ほぼ台所にいて、でなければ畑にいるか。一日がそれで終わっていくけど、ぜんぜん苦じゃない。自分は家事が好きでよかったなあと思います。苦手な人もいるでしょ。

暮らしを豊かにすることは、私はあたりまえのことだと思っていました。私はほかの人がやれない自分だけの暮らしをやろうと思っていて、それが夢だった。それには結婚しかないと思って。それ以外、何もできなかったですから。

結婚する前、東京の千駄ヶ谷にタイプを教える学校があって、そこに通っていました。午前中はタイプ、午後は英語を習って。戦後の就職難で、女が外で働くにはまだ大変な時代。手に職ということで、資格の免状をもらって、さあ就職となったの。

でも、一日じゅう机に向かってタイプを打つ仕事は嫌だと、すぐに半田の実家に帰って来てしまいました。一緒にタイプを習おうと誘ってくれた従妹は、日本通運に就職して定年まで勤めあげましたけど。

仕事をしてお金を稼ぐなんて自分には無理。働くより、食べさせてもらって、自分の好きなことをやったほうがいい。それでしゅうタンとお見合いで結婚したの。食べさせてもらって、好きなことやらせてもらえたから幸せよね。

いまは、昔の暮らしがないですね。なんでも都合のいいように合理化され、とんどん便利になって。私は子どもの頃、四季折々の暮らしをやってきたから、面倒でもそういうことに魅かれるんだと思うんです。

日常のことって、なおざりになりがちですけど、そこに心を込めることがじつはとても大事なことだと思っていて。毎日は、同じことのくり返しで地味ですよ。だけど暮らしって、そういうものです。だからその時季、庭に咲いた花を活けたり、器を替えたり。そういうのがやりたいと、自分は思っていました。

炊事をやっていたねえやが「なんでも、手間ひまかけてつくったものがおいしいのよ」と言っていたけど、ほんとにそうだなって。その言葉がいまだに耳に残っているから、梅を漬けたり、粕漬をつくったり、土鍋で豆を煮たり。

私は外に遊びに出ることがほとんどなかったから、いつも、ねえやのやることをそばで見て、暮らしがどういうものかを教えられた気がします。それを飽きずにずっとこの歳までやってきた。外で働くより、旅行に行くより、家のことをしていたいの。消費社会になり、みんなは働いて稼いで、それで得たお金で物を買うけど、私は自分でつくり出せばいいと思ったから。畑で野菜を育てて、機を織って。

昨日と同じことをやっていても、こうしたほうがいいかなって、何かの拍子にふと思いついてそれをやってみて、そのとおりにうまくいくとうれしいし、楽しいの。それがどんなささいなことでもね。自分で思いつくから楽しいんだと思う。
ほんと台所にいることが好きなの、だからいつも心はルンルンよ。

（二〇一四年七月）

あとがき

古い造り酒屋に生まれた私は、小さい時から酒屋のご新造になるために、代々の使用人の人たちから暮らしの中で、こうですよ、ああですよと、折に触れて多くのことを教えられていました。これが体に染み込み、私も酒屋にお嫁に行くものと思っていましたが、縁あってサラリーマンの主人と結婚して、こんなにも楽な暮らしがあるものなのだと知ることになりました。

一人遊びをすることは主人も私も好きですし、お互いに自然のままに、また代々引き継がれた教えにも導かれて、主人のやりたかったことに沿って気がつけば、六十五年の時が過ぎていました。

主人は言葉では何も申しません。自分の書いた原稿を「母さん、読んでみて」と渡してきたり、お友だちからの手紙もすべて目を通していました。

今になって思い起こせば、暮らしの中で折に触れて色々なことを教えていただき、今の私があるのだと思っています。

世の中の出来事にはあまり興味がなく、いつも遠くの方を見ているようなところが、二人はいちばんよく似ていたのかもしれません。自分の感性を大切に、あまり目の前のことに囚われず、自然に六十五年が過ぎていったような気がします。

主人が亡くなった今、素晴らしい人と巡りあえたことに感謝しつつ、これからも主人の路線を引き継ぎ次の世代に残すべく、土を耕し作物をつくり、主人が「一人でやれば、いろいろのことが見えてくる、時間はかかるけど楽しくなるから」と申していましたことを心に刻んで、大切に一生懸命、ひとりでやることが、これからの私の仕事と考えています。

つばた英子

プロフィール

つばた英子
一九二八年生まれ。愛知県半田の二〇〇年以上続く造り酒屋で育ち、五〇年、しゅういち氏と結婚。キッチンガーデナーとして大地に根ざしたていねいな暮らしを実践。夫婦の共著として『ききがたり ときをためる暮らし』（自然食通信社）、『なつかしい未来のライフスタイル』（ミネルヴァ書房）、『ひでこさんのたからもの』（主婦と生活社）他がある。二〇一八年六月、しゅういち氏のもとに逝く。前日まではふだんの日常を過ごす。享年九十歳。

つばたしゅういち
一九二五年生まれ。自由時間評論家。東京大学卒業後、アントニン・レーモンド建築設計事務所を経て、日本住宅公団入社。「高蔵寺ニュータウン計画」で日本都市計画学会の石川賞受賞。広島大学教授などを務めたのち、評論活動へ。二〇一五年六月、午睡中に逝く。享年九十歳。

水野恵美子
食と暮らしをテーマに活動。聞き書きとして料理人、菓子職人、建築家などの本を手がける。著書に『森茉莉・贅沢貧乏暮らし』（神野薫・阪急コミュニケーションズ）、『永井荷風　ひとり暮らしの贅沢』（新潮社）がある。

落合由利子
写真家。日本大学芸術学部写真学科卒。人に寄り添う取材を続ける。著書に『絹ばあちゃんと90年の旅―幻の旧満州に生きて』（写真・文　講談社）、『働くこと育てること』（草土文化）、『若者から若者への手紙 1945←2015』（ころから／共著）などがある。

ふたりから ひとり
ときをためる暮らし それから

2016年12月 5 日　初版1刷発行
2024年10月10日　17刷発行

著　者　つばた英子・つばたしゅういち

聞き手・編集　水野恵美子

撮　影　落合由利子

発行人　横山豊子

発行所　有限会社自然食通信社
〒113-0033 東京都文京区本郷 2-12-9-202
電話 03-3816-3857　FAX 03-3816-3879
http://www.amarans.net
郵便振替　00150-3-78026

装　幀　橋川幹子

組　版　有限会社秋耕社
印刷所　吉原印刷株式会社
製本所　株式会社積信堂

乱丁・落丁はお取り替えいたします。

価格はカバーに表示してあります。

ISBN978-4-916110-46-6 C2077

ききがたり ときをためる暮らし

つばた英子・つばたしゅういち

聞き手・水野恵美子／撮影・落合由利子　定価1800円＋税

山を削ってできた造成地に丸太小屋を建て、木を植え、土を耕やし、自給生活めざして四半世紀。自分流に、手間暇を楽しみ、ていねいに生きて80歳代を迎えた夫婦の懐に飛び込んできた若い取材者。出会いから1年余り。「何も構えて尋ねることなく、平凡なことを、平凡な気持ちで実行しているだけの私たちの暮らしに添って、そっと見守るように（「あとがき」より）」膨大な録音は続けられ、緩やかに流れる大河の一雫にも似た「ききがたり」となった。

ふみさんの自分で治す草と野菜の常備薬 改訂新版

一条ふみ

聞き手・横山豊子　定価1700円＋税

「**病い知らせるからだの中からの信号に耳を澄ませて**」――民俗信仰の「集まりっこ」のなかで、ばっちゃんの膝に抱かれ、女ご衆のかわす話を聞くともなく聞きながら「風のように光のように」自然に覚えたという豊かな薬草の知恵。自然の恵みをいただき、慈しみながら土にかえす暮しのなかで、たくさんの人たちを癒してきたふみさん。温かく心に沁みる贈り物として本書は15刷のロングセラーに。読者から寄せられた切実な問いに応えた丁寧な加筆と書き下ろしでさらに充実。